KB125887

# 부탄
## 행복의 비밀

# 부탄
## 행복의 비밀

1만 달러면 충분하다
1인당 국민소득

박진도 지음

한울
아카데미

# 차례

## 1부 부탄의 국민총행복정책
백성을 행복하게 하지 못하는 정부는 존재할 이유가 없다

## 2부 부탄의 오늘
가난한 사람에게 더 유리한 성장

## 3부　부탄이 넘어야 할 과제
흔들리는 전통적 가치관과 사회적 유대

# 부탄은 전면적인 행복정책의 실험장이다

**추천사 1**

김현대 한겨레신문사 출판국장

"정말 행복합니까? 부탄이란 나라, 꼭 한번 가보고 싶어요."

부탄 이야기를 꺼내면 사람들의 눈이 금세 초롱초롱해진다. 우리 주위에 행복하지 않은 사람이 많기 때문일 게다. 정확히 말하면, 부탄은 세상에서 가장 행복한 나라는 아니다. 행복을 국가 정책의 최우선 목표로 삼아 '구체적으로 일관되게' 실행에 옮기는 기특한 나라라고 말하는 것이 옳을 것이다.

"인구가 75만 명밖에 안 되는 부탄의 행복정책에서 배울 게 있을까요? 우리와는 사정이 너무 다르잖아요." 이런 질문을 하는 이들에게는, 직접 부탄에 찾아가보라고 권하고 싶다. 부탄은 어떤 선진국도 엄두를 내지 못한 전면적인 행복정책의 실험장이다. 실제로 부탄의 사례는 여러 세계적 경제학자의 주목을 받고 있기도 하다. 열린 생각과 열린 마음만 있다면, 이 작은 나라에서도 얼마든지 알찬 배움을 얻을 수 있을 것이다.

이 책은 죽기 전에 부탄 여행을 가는 것을 꿈꾸는 이들에게 필독서가 될 것이라 자신한다. 부탄을 이해하는 가장 정확하고 깊이 있고 살아 있는 길잡이 구실을 하기에 충분하다. 저자와 함께 부탄을 다녀왔고 저자가 부탄에 쏟은 지속적인 열정을 잘 알고 있기에, 그리고 저자가 쓴 글을 가까이에서 챙겨봤기에 주저 없이 추천할 수 있다. 그동안 부탄에 대한 책이 더러 나왔지만, 동경에 치우치거나 실상을 잘 알지 못해 과장된 내용을 담은 경우가 적지 않았다. "세계에서 가장 행복한 나라", "전면적인 금연 정책을 시행하는 나라", "환경을 보호하기 위해 여행객 수를 제한하는 나라" 등이 대표적이다. 하지만 이것이 부탄의 전부는 아니다.

어떻게 덜 불행한 나라를 만들 것인지 고민하는 중앙 정부와 지자체의 관리·정치인·연구자들에게도 이 책은 큰 도움이 될 것이다. 『부탄 행복의 비밀』을 통해 생생한 정책 실험의 현장을 간접 체험할 수 있을 것이라 기대한다.

그저 행복을 꿈꾸는 이들한테도 일독을 권한다. 이 책을 읽고 부탄이란 나라에서 벌어지는 일을 상상하는 것만으로도 잠시 행복에 빠질 수 있지 않을까.

# 부탄의 행복정책은
# 다른 사회에도 적용 가능하다

카르마 치팀 부탄 전 국민총행복위원회 차관/현 인사위원회 위원장

부탄은 샹그릴라shangrila가 아닙니다. 그러나 국민총행복Gross National Happiness: GNH 의 비전과 철학에 기초한 부탄의 발전은 근대성과 전통, 물질주의와 정신주의, 현재의 필요와 미래의 필요 사이에 좋은 조화를 성취했습니다. 첫 자동차 도로 건설로 시작된 지난 50년간 계획적인 근대화는 부탄 사람들의 생활수준을 급속히 성장시키는 등 인상적인 결실을 맺었습니다. 부탄은 발전과 동시에 정체성·문화·전통을 유지했을 뿐만 아니라 국립공원과 야생동물 서식처를 확대하는 등 자연환경을 보존하고 있습니다.

그렇다고 부탄이 앞으로 극복해야 할 과제가 없는 것은 아닙니다. 청년 실업률이 증가하고 있고 도시화에 따른 사회적인 문제도 늘고 있습니다. 하지만 이 와중에도 국민행복에 관한 철학과 비전은 진보적이고 지속 가능한 발전 정책과 프로그램을 형성하

는 데 많은 기여를 했습니다. 유엔의 인간개발지수[HDI]와 1인당 국민소득 등 전통적인 발전 지표뿐만 아니라 2010년과 2015년에 실시한 국민총행복조사도 이런 부탄의 조화로운 성장을 입증해 줍니다. 반면, 발전의 척도를 주로 경제적인 측면에서만 다루는 다른 국가들은 소득이 일정 수준에 이르고 난 뒤 소득과 행복 사이에 괴리가 나타나고 발전의 지속 가능성에 문제가 발생하고 있습니다. 그 결과 발전을 측정하는 주요 지표로 GDP를 사용하는 오늘날의 관행에 대해 많은 사람이 의문을 제기하고 있습니다. 따라서 현재 부탄이 발전 측정 지표로 사용하고 있는 국민총행복 지수[GNH Index]가 더 나은 대안으로 떠오르고 있습니다. 기후 변화에 대한 논쟁 과정에서 지속 가능성에 대한 관심이 증대하는 가운데, 부탄의 독특한 발전이 일정한 성과를 거둔 한편 부탄의 발전 전략이 주목을 받고 있습니다. 우리는 발전 경험을 다른 나라와 공유해 지속 가능한 지구적 발전 의제가 실현되는 데 기여하기 위해 노력해왔습니다.

현재 GNH에 대한 수많은 연구가 여러 기관과 개인에 의해 행해지고 있습니다. 이는 무척 반가운 일이며 부탄은 이런 시도를 언제나 환영합니다. 이 책은 저자가 부탄에서 직접 경험한 것을 토대로 부탄이 국민행복의 증진을 위해 어떤 노력을 하고 있는지 통찰한 부탄 연구의 훌륭한 사례입니다. 『부탄 행복의 비밀』은 부탄 국왕의 훌륭한 리더십과 국민총행복 사회를 위한 근본적인 정책들을 살펴보고, 저자가 생각하는 부탄이 극복해야 할 과제를 제

시합니다.

이 책은 부탄의 국민총행복정책에 관해 서술된 책이지만, 저자가 해명하고자 한 것은 다른 사회에도 적용 가능합니다. 우리가 궁극적으로 행복 — 그것을 행복주의eudaimonic로 규정하든 쾌락주의hedonistic로 규정하든 — 을 원한다는 것에 모두 동의한다면 말입니다. 바로 이 점이 발전에 대한 깊은 관심과 경험을 갖고 있는 제 친구인 저자가 부탄과 부탄의 행복에 대해 연구를 하게 된 배경일 것입니다. 저자와의 수많은 논의를 통해 저는 그가 부탄의 국민총행복에 대한 현실을 이해하고 그 교훈을 자신의 나라에 적용하고자 하는 열망을 느낄 수 있었습니다. 그는 과거 충남연구원의 원장으로서, 현재는 지역재단의 이사장으로서 행복이 중심에 놓인 발전 패러다임에 대한 자신의 굳건한 믿음을 활동가들과 다양한 분야의 리더들, 그리고 대중과 공유하기 위해 노력해왔습니다. 그의 이런 정신이 바탕이 되어 책에 담겨 있는 부탄의 경험이 한국의 발전 담론에 자극을 줘, 한국 국민 모두의 더 큰 행복과 안녕에 기여하기를 진심으로 기원합니다.

2013년 5월, 팀푸 시내의 한 학교에서

# 첫눈이 내리면 공휴일인 나라,
# 부탄으로 초대합니다

첫눈이 오면 학교나 일터로 가지 않고 집에서 가족과 함께 낭만을 즐긴다. 모든 공교육과 의료 서비스를 무상으로 제공한다. 아이를 낳으면 6개월 유급휴가를 받을 수 있고, 아이가 만 두 살이 될 때까지 근로시간을 하루 2시간 줄여준다. 전 국토의 70%를 숲으로 보전한다. 고을마다 며칠씩 전통 축제가 열린다. 북유럽의 어느 복지 국가의 이야기가 아니다. 1인당 국민소득이 불과 3000달러도 되지 않는, 이른바 '가난하지만 행복한 나라' 부탄의 이야기다.

내가 부탄에 대해 관심을 갖게 된 것은 그리 오래되지 않았다. 충남대학교 교수 시절 2010년 8월부터 2013년 7월까지 충남발전연구원(현 충남연구원)에서 원장으로 근무했다. 민선 5기 충청남도 도지사로 취임한 안희정 지사가 내게 연구원장으로서 도정에 도움을 줄 것을 요청한 것이다. 안 지사는 '행복한 변화, 새로운 충남'을 도정道政 슬로건으로 표방했다. '행복한 변화'란 뭐지? 행복을 어떻게 측정하지? 누구의 행복을 뜻하는 것이지? 행복은 주관적 감정의 문제가 아닌가? 그런데 어떻게 도가 도민을 정책적으로 행복하게 해준다는 것인가. 이런 의문들이 꼬리를 물었다. 어쨌든 나는 도의 싱크탱크 책임자로서 도민의 행복에 대해 깊이 고민하지 않을 수 없었다. '행복 연구'를 우리 연구원의 대표 연구로 설정하고 도전해보기로 했다. "사람들은 먹고살기도 힘든데, 원장이 한가롭게 행복 타령이나 한다"라고 질타하는 도의원도 있었다. 이에 "먹고살기 힘든데 어떻게 행복하겠는가, 행복 연구는 그런 것도 포함하는 것이다"라고 응수했다.

이 무렵 컬럼비아Columbia 대학의 경제학자 제프리 삭스Jeffrey Sachs의 글을 통해 '가난하지만 행복한 나라' 부탄을 만났다. 경제학자인 내게 가난과 행복이란 단어는 서로 궁합이 잘 맞지 않는 말이었다. 공자孔子는 『논어論語』 '술이述而' 편에서 "거친 밥을 먹고 물을 마시고飯疏食飲水 팔을 굽혀 베고 누워서도曲肱而枕之 행복이 또한 그 가운데 있으니樂亦在其中矣 의롭지 않으면서 부유한 것은不義而富且貴 내게는 뜬구름 같다於我如浮雲"라고 말했다. 대학 시절 이 글귀를 좋아해서 나도 그렇게 살고 싶다고 늘 생각했다. 그런데 과연 그렇게 살 수 있는 사람이 얼마나 있을까? 보통 사람은 물질적으로 풍요로운 삶을 원한다. 그런데 가난한 나라 부탄은 국민의 97%가 행복하다고 말하고, 더욱이 어떤 사람들은 부탄을 마지막 샹그릴라, 즉 지상낙원처럼 미화하기도 했다. 나는 쉽게 받아들일 수 없었다. 부탄이 행복한 비밀을 캐보고 싶었다. 부탄 사람들은 정말 행복할까. '가난하지만 행복한 나라 부탄'이라는 말은 물질문명에 지친 배부른 선진국 사람들의 허위의식의 산물이 아닐까. 이런저런 생각이 교차했지만, 다른 무엇보다 부탄 정부가 국내총생산Gross Domestic Product: GDP보다 국민총행복을 더 중요하게 여긴다는 사실은 내 지적 호기심을 자극하기에 충분했다. 게다가 부탄연구소Center for Bhutan Societies라는 곳이 국민총행복조사라는 것을 정기적으로 실시한다는 사실을 알고는, 우리 연구원역시 충남도민의 행복지수를 측정해 그것을 충남도정에 반영해보고 싶었다.

　나는 부탄에 직접 방문해 오감으로 확인해보기로 했다. 2011년 10월 처음 부탄 방문을 기획했을 때는 참 모든 것이 어설펐다. 비자를 어떻게 얻어야 할지, 비행기 표는 어떻게 예약하는지, 부탄에 가서 누구를 어떻게 만나야 할지……. 동행할 연구원들에게 알아보라고 했으나 누구 하나 신통한 정보를 찾지 못했다. 목마른 사람이 샘을 파듯이 직접 인터넷 검색을 시도했다. 부탄에서 여행사를 운영하는 스리자나Srijana 씨의 메일 주소를 간신히 획득해 그녀에게 부탄 방문을 도와줄 것을 부탁했다. 그런데 황당한 것은 비자를 얻기 위해서는 하루에 250달러 ― 체류 비용으로 숙식 등 여행에 드는 모든 비용 ― 를 미리 지불해야 한다는 것이었다. 네 사람이 5일만 체류해도 상당한 금액이었다. 연구원은 생면부지에게 아무런 보증도 없이 거액을 송금하는 것에 대해 난색을 표했다. 그러나 평소 '믿는 도끼에 발등 찍히자'는 배짱으로 살아온 터라, 문제가 생기면 다 내가 책임지겠다고 하고 과감하게 베팅을 했다. 내 도전은 대성공이었다. 스리자나 씨는 신뢰할 수 있는 유능한 사업가였다.

히말라야 설산을 지나 좁은 협곡을 곡예비행을 하듯 통과해 도착한 파로Paro 국제공항의 첫인상은 지금도 생생하게 기억난다. 푸른 하늘, 맑은 공기, 아름다운 전통 건축양식으로 지어진 공항 청사는 우리 일행을 행복하게 해줬다. 이렇게 시작된 부탄과의 만남은 2013년, 2015년 두 차례 더 이어졌다. 2013년 방문 때는 부탄연구소와 충남발전연구원이 서로 교류를 약속하는 양해각서 MOU를 체결했다. 그리고 2015년 5월부터 2개월간 부탄에서 생활하며 전국을 여행하고 많은 사람을 만났다.

부탄과의 만남을 계기로 충남발전연구원은 '국제행복콘퍼런스'를 매년 개최했다. 2012년에는 당시 부탄 국민총행복위원회 Gross National Happiness Commission 총책임자 카르마 치팀Karma Tshiteem 차관을, 2013년에는 '국민총행복'의 개념을 이론적으로 정립한 부탄연구소의 카르마 우라Karma Ura 소장을 각각 초청했다. 충남발전연구원은 내가 원장을 그만둔 이후에도 2014년에는 서울연구원과 함께, 2015년과 2016년에는 한겨레신문사와 함께 국제행복콘퍼런스를 이어가고 있다.

이 책은 내가 부탄과 만난 뒤 보고, 듣고, 느낀 것을 중심으로 기술한 결과물이다. 그리고 그것들을 객관적으로 뒷받침하기 위해 부탄 정부가 발표한 각종 통계와 국민총행복조사 자료, 부탄연구소의 연구 논문, 해외 연구자들의 관련 서적을 참고했다. 부탄 정부는 비교적 많은 자료를 생산하고 있으나 인쇄물로 구하기는 쉽지 않다. 다행히 정부 부처 홈페이지에서 필요한 자료를 구할 수 있었다. 부탄의 GNH에 관한 중요한 자료는 부탄 국민총행복위원회의 홈페이지www.gnhc.gov.bt에서 구할 수 있고, 구글 등 인터넷 사이트를 통해서도 쉽게 찾을 수 있다.

국내에 부탄에 관한 책 몇 권이 출간되어 있는 것으로 알고 있다. 대부분 국내 여행 작가의 여행 후기, 외국인이 쓴 것을 번역한 것들이다. 이 책들은 모두 훌륭하지만 내가 보기에는 2% 부족하다. 인간의 영성이나 심리적 웰빙이라는 관점에서 부탄 사람의 생활을 관찰하고 그에 대한 자신의 감상을 소개한 책들이다. 어떤 책은 부탄 사회를 저자 나름대로 자세하게 소개하고 있지만 부정확한 정보나 저자의 주관적 바람이 들어간 경우도 적지 않았다.

나는 이 책에서 경제학자의 눈으로 부탄을 객관적으로 기술하고자 했다. 1인당 국민소득이 3000달러도 되지 않는 가난한 나라의 백성들이 어떻게 행복한 삶을 구가하고 있는지, 정부가 백성의 행복을 위해 얼마나 치열하게 노력하고 있는지 소개했다. 또 부탄 사람들이 물질적 풍요를 열망하면서도 다른 한편에서는 그것을 억제하며 정신적 웰빙(안녕)과 균형을 맞추려는 노력도 살펴봤다. 그리고 부탄이 당면한 정치적·경제적·사회적 문제를 분석하고 그 미래에 대해 내 나름대로 전망도 해봤다. 이 책의 부제처럼 나는 부탄이 지금의 국민총행복정책을 잘 유지한다면 멀지 않은 미래에 1인당 국민소득 1만 달러만으로도 물질적으로나 정신적으로나 행복한 나라를 만들 수 있을 것이라고 기대한다. 바로 이것이 내가 정말로 하고 싶은 말이다.

"1인당 국민소득이 3만 달러에 달한 우리나라는 이미 행복을 위한 물적 토대는 충분히 갖췄다. 우리에게 필요한 것은 더 많은 성장이 아니라, 사회 시스템을 국민행복의 관점에서 새롭게 개조하는 것이다."

이 책을 출간하는 데는 많은 사람의 도움이 있었다. 내 첫 부탄 여행에 동행해 고생했던 충남연구원의 고승희·김정희·백운성·조영재 연구원이 생각난다. 그리고 '부탄동지회'의 멤버인 한겨레신문사의 김현대 국장, 풀뿌리사람들의 김제선 상임이사, 공주대학교의 홍성효 교수, 공정여행 공감만세의 고두환 대표, ≪한겨레 21≫의 전진식 기자, 대한항공의 김태은 양의 격려가 없었으면 이 책은 나오지 못했다. 전 부탄 국민총행복위원회 차관이자 현재 부탄의 모든 공무원의 인사를 책임지고 있는 카르마 치팀 인사위원회 위원장에게는 특별히 감사를 표하고 싶다. 치팀 위원장은 내가 지금까지 만나본 사람 중 가장 훌륭한 공직자다. 치팀과는 2011년부터 지속적으로 교류해오면서 부탄의 국민총행복정책에 대해 많은 가르침을 받았다. 한편, 내가 2015년에 하루 250달러나 되는 체류 비용을 지불하지 않고도 2개월간 부탄에서 생활할 수 있었던 것은 부탄연구소의 우라 소장이 나를 무급 연구원으로 채용해준 덕분이었다. 이 자리를 빌려 감사의 마음을 전한다. 우연한 기회에 인연을 맺어 내 부탄 여행의 모든 것을 뒷바라지 해준 스리자나 씨와 그녀의 남편 린첸Rinchen에게도 깊은 감사를 표한다. 어려운 출판 사정에도 불구하고 이 책의 출간을 흔쾌히 결정해준 한울엠플러스(주)의 김종수 대표님과 편집에 힘쓴 성기병 편집자님에게도 감사드리며 한울엠플러스(주)의 번성을 기원한다. 마지막으로 부탄에 세 차례 방문할 때마다 선한 눈으로 따뜻하게 맞이해준 많은 부탄 친구에게 감사드리며, 이 책이 한국과 부탄 사이의 교류 확대에 기여하기를 바란다.

2017년 1월
박진도

# 부탄 지도

티베트 자치구

중국

네팔

푸나카

팀푸

통사

파로

몬가르

타시강

인도

방글라데시

# 왜 부탄에
# 주목하는가

나는 한국전쟁 중에 강원도의 반농반어촌 마을에서 태어났다. 그 무렵 우리는 참 가난했다. 영양실조로 머리에 소똥(당시엔 버짐을 그렇게 불렀다)을 이고 살았다. 학교에 도시락을 싸오는 아이들은 절반이 되질 않았다. 도시락이라 해봤자 잡곡밥에 고추장 반찬이 전부였지만 그마저도 싸우며 나눠먹었다. 아, 감자도 참 많이 먹었다. '엉클 샘'이 옥수수 가루나 분유를 나눠준 다음 날은 우리 모두 행복했다. 뜨거운 태양에 입은 화상으로 잠을 잘 수 없을 지경이었지만 적어도 세 번은 등어리 물집을 벗어야 여름을 날 수 있을 만큼 물놀이를 즐겼다.

그러나 동네 어른들의 삶은 참으로 고단했다. 1년 내내 뙤약볕 아래서 힘들게 일해도 식구들 먹여 살리기에도 힘겨웠다. 거친 바다에 폭풍이 몰아친 날에는 고기잡이를 나갔던 몇 분이 돌아오지 못했다. 친구 아버지나 형님의 주검을 확인하면서 우리는 어린 마음으로 다짐했다. 커서 반드시 우리 동네를 잘사는 동네로 만들겠다고. 내가 대학에서 경제학과를 선택한 이유이기도 하다. 대학입시 면접에서 "경제학을 전공해 우리나라를 가난에서 벗어나게 하고 싶다"라고 말해 면접관 교수들에게 웃음을 선사한 기억도 난다.

우리의 염원대로 우리 동네뿐 아니라 우리나라 전체가 잘사는 나라가 되었다. 아시아의 최빈국에서 벗어나, 1996년에는 선진국들이 모인 클럽이라는 경제협력개발기구 OECD 에도 가입했고, 2015년에는 1인당 국민소득 2만 7340만 달러로 세계 28위, 국내총생산 규모로는 세계 11위까지 올라섰다.

그러나 시골 동네들은 아기 울음이 끊긴 자연 양로원으로 변하고 있다. 삶의 질과 관련해서 OECD가 발표하는 각종 수치는 우리를 부끄럽게 한다(2015년 기준). 세계에서 가장 낮은 출산율, 가장 낮은 청소년 행복지수, OECD 회원국 가운데 가장 낮은 사회복지 지출비율, 자살률 1위, 저출산율 1위, 노인 빈곤율 1위 등이 그것이다.

11개 영역 ─ 주거, 소득, 직업, 공동체, 교육, 환경, 시민 참여, 건강, 삶의 만족도, 안전, 일과 삶의 균형 ─ 을 종합적으로 고려한 '2016년도 삶의 질 지수 Better Life Index'에서는 조사 대상 OECD 36개국 가운데 28위를 기록했다. 이런 OECD 보고서가 발표될 때마다 SNS에는 이런 댓글들이 달린다. "OECD 괜히 가입했어. 가만히 있었으면 개도국 가운데 우등생이라고 칭찬받을 텐데." "이 망할 놈의 OECD는 그냥 탈퇴하는 게 나을 것 같다. 뭔 말만 나오면 안 좋은 건 죄다 일등이야." "사는 게 고통을 넘어 '헬'이다. 이래서 '헬조선'이 유행어가 된 것 같네. 정말 이 맛에 '헬조선'에 산다."

급기야 오세훈 전 서울시장은 헬조선에서 절규하는 젊은이들에게 "개발도상국에 가서 한 달만 지나보면 금방 깨닫는 게 자부심"이라고 염장을 질렀다. 오만의 극치다. 유엔의 '세계 행복의 날'에 맞춰 미국 갤럽이 실시한 행복도 조사(2015년)에서 한국인들이 느끼는 행복감은 143개 나라 중 118위에 그쳤다. 팔레스타인, 가봉과 비슷한 수준이다. 오 전 시장은 이를 어떻게 설명할 것인가.

성장과 행복의 괴리는 어디서 온 것일까. '잘살아보세'라고 노래하며 새벽종을 울리던 새마을운동, '100억 달러 수출, 1000달러 소득, 마이카, 대망의 1980년대!'를 외친 유신독재 이래 우리 모두는 경제 성장의 포로가 되었다. 경제가 성장하면 모든 것이 해결되고 잘살게 될 것이라 믿었다. 우리는 나라가 시키는 대로 허리띠를 졸라매고 세계 최장 노동 시간을 견뎠다. 인권과 환경을 포기하도록 강요당했다.

심지어 경제 성장에 필요한 외화벌이를 위해 성매매 여성을 '애국자, 산업 역군'이라고 미화하며 미군 기지촌 성매매와 일본인을 상대로 영업했던 기생 관광을 장려했다. 가발 수출을 늘리기 위해 여성이 머리카락을 자르도록 '전 여성의 파마화'라는 기상천외한 꼼수도 동원했다. 독재 정권의 강압에 의해 시작된 성장 제일주의는 온 국민의 희생으로 소수의 재벌을 키우는 데는 성공했지만, 모든 사람을 1등만 살아남는 무한 경쟁으로 내몰았다. 가족·친족끼리의 우애, 친구와 친구 사이의 우정, 이웃에 대한 배려, 사회적 결속 등 공동체적 가치들은 철저하게 파괴되었고 우리 사회는 함께 있어도 외로운 '외톨이 사회'가 되어버렸다.

1인당 국민소득이 200달러에도 미치지 못하던 절대빈곤 시대에 만들어진 경제 성장 지상주의가 국민소득 3만 달러에 달하는 지금까지도 사람들의 가치관을 사로잡고 있는 건 분명 비정상이다. 성장 지상주의는 국가 주도의 개발독재로 시작해서 초국적 자본(재벌) 주도의 신자유주의 세계화를 거치며 우리 몸속에 체화되었다.

그러나 안타깝게도 우리나라는 더 이상 고도성장은커녕 저성장조차 어려운 상황에 내몰리고 있다. 세계 경제의 장기 침체와 재벌 체제의 한계, 저출산, 고령화 등으로 인해 우리나라의 성장 잠재력은 현저하게 약화되었다. 성장의 정체, 심지어 마이너스 성장의 가능성도 있다. 모두가 지혜를 모아도 헤쳐나가기 어려운 역경을 앞에 두고 나라는 두 쪽으로 갈라져 싸운다. 경제가 성장해도 국민이 행복해지지 않고, 더욱이 성장 제일주의로도 경제 성장조차 안 된다면 이 나라는 도대체 어디로 가고 있는 것인가. 공동체적 사회안전망이 붕괴되고 성장조차 하지 않는 대한민국, 이대로는 '헬조선'의 길을 걸어갈 것이다.

모든 것이 바뀌어야 한다. 경제 시스템을 바꾸고 정치도 바꿔야 한다. 우선 생각부터 바꿔야 한다. 성장 지상주의에서 벗어나야 한다. 경제가 성장하지 않더라도 더불어 행복할 길을 찾아야 한다. 그럴 때만이 새로운 활로를 찾을 수 있다. 내가 부탄에 주목하는 이유다.

박정희 정권이 경제 성장을 위해 모든 것을 희생하도록 강요한 유신독재를 시작하던 1972년에 부탄은 "국내총생산GDP보다 국민총행복GNH이 더 중요하다"고 선언했다. 1970년 두 나라의 1인당 GDP는 부탄 212달러, 한국 255달러로 별 차이가 없었다. 그런데 2013년 부탄은 2360달러에 그친 반면, 한국은 2만 8000달러까지 치솟았다. 경제 성장에 올인한 한국의 완승이다. 그런데 '행복' 혹은 '삶의 질'에 대한 각종 조사에서 한국은 최하위권을 벗어나지 못하고 있다. 반면 부탄은 최상위권에 속하고 있다. GDP보다 GNH를 중시한 부탄의 완승이다. 한국 젊은이들이 멀쩡하게 대학을 졸업하고 일자리를 찾지 못해 이민 계획을 세울 때 부탄 젊은이들은 외국에서 공부를 마치면 자기 나라로 돌아온다.

나는 두 차례 부탄 여행을 다녀오고, 부탄에서 두 달간 생활하며 많은 부탄 사람을 만나 다양한 이야기를 나눴다. 중앙 부처의 장·차관부터 지방의 말단 공무원, 국책 연구소의 소장과 연구원, 대학 교수, 공기업과 사기업의 수장과 직원, 일반 농민과 관광 가이드, 식당 및 술집 주인과 종업원, 전통문화공예학교 학생과 초·중·고등학교 학생, 외국인과 결혼해서 부탄에 살고 있는 한국 여성, 부탄 최고 요리사까지 그들의 모습이 주마등처럼 지나간다.

대화 속에서 그들이 갖고 있는 자부심, 미래에 대한 확신을 읽을 수 있었다. 대화 끝 무렵에는 나는 늘 그들에게 "20년 뒤에는 부탄이 한국보다 훨씬 좋은 나라가 될 것"이라고 격려했다. 내 격려에 그들은 "다른 건 모르지만 우리가 더 행복한 것은 분명할 것 같다"라고 자신 있게 대답했다.

부탄 사람의 자신감은 어디에서 나오는 것일까. 부탄의 1인당 국민소득이 한국을 앞지를 것이라고는 그들도 믿지 않는다. 우리보다 물질적으로 풍요로워질 것이라고 기대하지도 않는다. 부탄은 1인당 국민소득이 2800달러에 지나지 않는 가난한 나라이다. 아직도 더 많은 경제 성장이 필요하다. 실제로 부탄의 성장잠재력은 매우 높다. 우수한 노동력을 토대로 농업·관광 등 경제 분야의 '보물' 다섯 개가 제대로 발전한다면 고도성장은 아니더라도 5% 내외의 적정성장은 지속할 것이다. 그렇더라도 20년 안에 1인당 국민소득 1만 달러를 넘기기는 어려울 것이다. 이 점은 부탄 사람들도 잘 알고 있다.

하지만 나는 이 정도면 충분하다고 생각한다. 적당한 수준의 물적 토대 위에서 부탄은 국민 대다수가 정신적으로, 물질적으로 행복한 나라를 만들 수 있을 것이다. 인간의 욕망은 무한하다는 주류 경제학의 명제는 부탄에 적용되지 않는다. 그들은 물질적 욕망을 자제할 줄 알고, 인간의 정신적·사회적·종교적 가치가 물질적 가치보다 중요하다는 것을 알고 있다. 여기에 비록 입헌군주지만 국민의 절대적 지지를 받는 왕을 중심으로 추진되는 ─ 국내총생산보다 국민총행복을 더 중요하게 여기는 ─ 부탄의 발전 전략은 '사람이 사는 나라'를 만들기에 모자람이 없다.

# 1부

---

# 부탄의
# 국민총행복
# 정책

백성을
_____
행복하게 하지 못하는 정부는
_____
존재할 이유가 없다
_____

01

# 국내총생산보다
# 국민총행복이 더 중요하다

일제 강점기 비련의 신여성 윤심덕尹心悳은 번안곡 「사의 찬미」
에서 "행복 찾는 인생들아 너 찾는 것 서름"이라고 노래했다. 지
독한 역설이다. 행복은 신기루에 불과한 것일까. 산업혁명 이후
사람들은 물질적 풍요 속에서 행복을 찾고자 했다. 전통적인 경
제학자들은 국내총생산을 '발전' 또는 '진보'를 측정하는 척도로
사용했다. 그러나 국내총생산 혹은 1인당 국민소득의 증대가 반
드시 사람들의 행복이나 삶의 질 향상에 기여하는 것은 아니라는
의문이 제기되었다. 대표적인 것이 이스털린 역설Easterlin paradox 이
다. 리처드 이스털린Richard Easterlin은 1974년의 저서에서 "한 사회
안에서 부유한 사람이 가난한 사람보다 행복한 경향이 있다. 그
러나 부유한 나라가 가난한 나라보다 더 행복하지는 않다. 그리
고 한 나라가 부유해진다고 해서 그들이 더 행복해지는 것은 아니

다"라는 연구 결과를 발표했다.

이스텔린 역설 이후 GDP를 대신해 행복이나 삶의 질을 반영할 수 있는 지표들이 새롭게 개발되었다. 국제연합개발계획UNDP의 인간개발지수HDI는 1인당 GDP와 더불어 평균 수명, 교육 수준 등 세 가지 차원에서 삶의 질을 평가한다. 경제개발협력기구OECD 는 '삶의 질을 개선하기 위한 정책개발'을 목적으로 사회발전을 측정하기 위해 웰빙지수Better Life Index라는 것을 개발했다. 이 웰빙 지수는 '현재의 웰빙을 반영한 물질적 생활조건', '전반적인 삶의 질', '미래의 웰빙과 관련된 지속 가능성' 등 세 축으로 구성되어 있다.

국제기관 이외에도 캐나다, 호주, 홍콩, 일본 등이 '웰빙' 혹은 '삶의 질' 지표를 활용하고 있다. 프랑스의 니콜라 사르코지Nicolas Sarkozy 대통령은 "GDP가 증가하고 있지만 사람들은 삶이 점점 팍팍해진다고 느낀다. 실제로 그들의 삶이 더 어려워지고 있기 때문이다"라고 말하며 GDP를 대신할 새로운 계량지표의 개발을 조지프 스티글리츠Joseph E. Stiglitz와 아마르티아 센Amartya Sen 등 노벨경제학상 수상자들에게 요청했다. 이렇게 구성된 이른바 스티글리츠 위원회는 2009년 보고서에서 "GDP 증가만을 추구하다가 정작 국민은 더 못살게 되는 사회로 몰아갈 수도 있다"라고 경고하며 새로운 사회경제지표에는 건강, 환경, 웰빙 등을 포함해야 한다고 주장했다.

그런데 놀라운 사실은 선진국의 유수한 경제학자들의 논의 이

전에 최빈국 부탄이 이미 1972년부터 국내총생산이 아니라 국민총행복Gross National Happiness: GNH을 국정지표로 삼고 있었다는 사실이다. 17세에 왕위에 오른 부탄의 4대 왕 지그메 싱기에 왕추크Jigme Singye Wangchuck는 자신의 국정 철학을 무엇으로 할지 고민했다. 영국과 인도 등에서 공부한 그는 이런 생각을 품고 있었다.

모든 나라의 정부와 국민이 경제적 부를 늘리기 위해 노력한다. 하지만 그것을 성취한 사람들은 안락한 생활을 하지만, 많은 사람은 국가의 부가 늘어나도 빈곤하고 비참한 삶을 살아가며 그들은 사회적으로 소외를 당하고 천대를 겪고 있다. 또 대부분의 국가가 경제발전을 이룩하기 위해 무차별적으로 환경을 파괴하고 있다.

그는 이런 사실을 받아들일 수 없었다. 부탄의 왕으로 즉위한 지그메 싱기에 왕추크는 "모든 사람은 행복을 열망한다. 따라서 한 나라의 발전 정도는 사람들의 행복에 의해 측정되어야 한다"라고 주장하며 GDP 대신 GNH를 국정지표로 제시했다.

1960년대 부탄 사람들의 일상생활은 1500년의 생활과 별반 다르지 않았다. 자동차 도로는 전혀 없었고 경제는 생계 농업과 물물교환에 의존하고 있었다. 평균 수명은 38세에 지나지 않았고 1인당 국민소득은 세계에서 가장 낮은 51달러였다. 전국에 의사는 단 두 명밖에 없었고, 학교는 11개가 전부였다. 그러나 GNH의 증진을 국가 발전 전략으로 채택한 이후 부탄은 사회경제적으로 전

길에서 만난 부탄 국민.

혀 다른 나라로 변모했다. 부탄의 1인당 국민소득은 1990년대에 연평균 7.8%, 2005년부터 2010년까지 연평균 8.7%씩 성장해 1960년의 51달러에서 2014년에 2730달러(구매력 평가로는 7560달러)로 뛰어올랐다.

부탄은 아직 유엔이 정한 '최빈국Least Developed Countries'을 벗어나지 못하고 있다.* 그러나 유치원부터 10학년까지 교육은 무료다. 모든 아이가 초등 과정(유치원부터 6학년)을 이수하고, 그들 가운데 90% 정도가 중등 과정(7~10학년)을 이수한다. 의료 서비스 역시 무료다. 사람들의 기대수명은 38세에서 69세로 증가했다. 유아 사망률은 1994년 1000명당 102.8명에서 2013년 47명으로 감소했다. 조사망률도 1984년 1000명당 19.3명에서 2013년 7.7명으로 감소했다. 부탄은 유엔의 새천년개발목표MDG 여덟 개 분야 가운데 교육의 성 평등, 환경적 지속 가능성, 산모 사망률 부문 등에서 목표를 초과 달성했고, 나머지 분야의 목표도 거의 다 채웠다.

부탄은 환경보호 부문에서도 놀라운 성취를 이룩했다. 국토의 70% 이상이 숲으로 덮여 있고, 생태적 보호지역protected area이 나

---

* 유엔은 '국민소득', '인간자산', '경제적 취약성'이라는 세 가지 기준으로 최빈국을 결정한다. 이 가운데 두 가지 기준을 달성하면 최빈국에서 졸업시킨다. 부탄은 1971년 최빈국으로 지정되었는데 2012년 조사에서 1인당 국민소득의 졸업 기준(1242달러)을 넘어서고 2015년 조사에서 인간자산 부문의 졸업 기준을 달성하는 등 최근의 사회경제적 발전에 힘입어 2018년에 최빈국에서 벗어날 것으로 예상되고 있다.

라 전체 면적의 51%에 달한다. 동식물의 다양성도 잘 보전되고 있다. 이런 성과로 부탄의 4대 왕은 유엔환경계획UNEP으로부터 '지구 챔피언Champion of the Earth'이라는 칭호를 받았다. 또 세계야생 동물기금WWF의 '보호지도자상'도 수상했다. 그뿐 아니라 부탄은 민주화와 분권화 등 정치 부문에서도 커다란 진전을 보이고 있으며, 전통문화를 훼손하지 않고 계승·발전해 다른 나라의 전범이 되고 있다.

# 국민총행복이란
# 무엇인가

부탄이 이룩한 사회경제적 성취는 GNH를 국가 발전 전략으로 채택한 덕분에 가능했다고 평가할 수 있다. 그렇다면 GNH란 무엇이며 그것은 정책적으로 어떻게 기능하는가. 우선 부탄의 행복에 대한 인식(이해)이 서구사회와는 매우 다르다는 점을 알아야 한다. 서구에서 행복은 사적이며 주관적인 것으로 즐거움 혹은 만족의 성취도에 초점을 맞춘다. 반면, 부탄 정부는 행복을 주관적인 웰빙만이 아니라 다차원적multidimensional인 개념으로 인식한다. 부탄의 국민총행복정책을 총괄하는 '국민총행복위원회'는 "GNH는 개인과 사회의 물질적 웰빙과 정신적·정서적·문화적 필요 사이에 조화로운 균형을 달성하는 다차원적 발전 전략"이라고 정의한다. 또한 행복은 개인이 느끼는 감정이지만 그것이 실현될 때는 집단적collective으로 이루어지는 것으로 이해한다. GNH에서 정의

하는 행복은 원자화된 개인들 사이에 추구되는 경쟁적 선good이 아니다. 개인과 집단의 행복은 깊이 연관되어 있다. 부탄의 초대 민선 총리 지그메 틴레이Jigmi Thinley는 이렇게 말했다.

행복은, 한 사람이 다른 사람과 공유하지 않으면서 사적으로 혹은 개인적으로 얻을 수 있는 것은 아니다. 당신이 다른 사람의 행복에 기여할 때 당신 자신의 행복이 증진될 기회가 증대한다. 그리고 그만큼 공동체의 구성원으로서 사회적으로 책임감 있고 가치 있는 사람이 될 것이다.

즉, 행복은 개인과 사회 사이의 상호 연관 속에서 실현되고, 개인의 행복이 다른 사람의 행복을 증진시키는 데 기여한다고 이해하는 것이다.

이처럼 부탄 정부가 행복을 다차원적(삶의 물질적 차원과 비물질적 차원 사이의 균형) 그리고 집단적(개인과 사회 사이의 상호 연쇄)으로 정의하는 것은 그들의 사고 혹은 행복관이 불교에 깊은 뿌리를 두고 있기 때문이다. 티베트 불교에서 유래한 부탄 불교는 행복에 대한 서로 다른 의식 형태 두 가지, 즉 '듀카Duhkha, 苦'와 '슈카Sukha, 樂'를 구분한다.* 듀카는 괴로움, 고통, 슬픔 등으로 번역되

---

*     Kent Schroeder, "The Politics of Gross National Happiness: Image and Practice in the Implementation of Bhutan's Multidimensional Development Strategy"(Doctoral Dissertation, University of Guelph at Guelph, 2014), pp. 65~69.

는 반면에 슈카는 행복, 편안함, 쉬움 등으로 번역된다. 듀카는 개인이 즉각적인 즐거움에서 행복을 추구하는 의식 상태이다. 따라서 그것은 자기중심주의에 기초한 불안정하고 일시적 형태의 즐거움이다. 이것은 외적인 그리고 일시적인 물질적 자극에 의존하는 즐거움을 추구한다. 이런 자극은 의존과 집착을 낳고, 집착은 괴로움과 갈망의 원천이다. 그것은 진정한 행복이 아니다.

하지만 슈카는 외부로부터 들어오는 물질적 자극을 통한 피상적인 즐거움을 초월해, 물질적 조건에 상관없이 정서적·심적·영적 측면을 충족하는 좀 더 안정적이고 근본적인 행복의 형태이다. 듀카가 행복을 위한 외적·물질적 원천을 추구하는 반면에, 슈카는 행복의 내적·비물질적 원천에 뿌리를 둔 의식 상태이다.

물질적 필요를 적절하게 해결하는 것은 중요하지만, 인간으로서의 삶을 영위하기 위해서는 정신적·심적·정서적 요소를 동시에 배양하지 않으면 안 된다. 따라서 참다운 행복은 물질에 집착하는 듀카의 굴레에서 벗어나 다른 사람과 함께 추구하는 슈카의 심오한 안정적 행복으로 옮겨가야 한다. 그것은 즐거움의 물질적 원천에 대한 의존으로부터 정신과 물질의 조화를 추구하는 것이다. 이런 태도는 사람에게 바른 의지, 바른 사고, 바른 행동을 갖추게 하고 물질적 욕구를 넘어 전인적인 잠재력을 충족하는 행복으로 인도한다. 더 나아가 우주의 모든 존재는 인과관계로 서로 연결되어 있다는 연기법緣起法을 믿는 부탄 사람들은, 한 개인의 심오한 행복이 사회를 통해 다른 사람에게 확산되고 이를 통해 중생의 집단적 고통이 감소할 것이라고 이해한다. 연기는 사람과 사람 사이뿐만 아니라 사람과 자연 사이에도 존재한다. 이것은 인간과 인간, 인간과 자연 사이에 존재하는 공존·공생의 세계관이다. 이런 불교적 행복관은 행복을 사적이며 주관적인 것으로 이해하고 즐거움 혹은 기쁨과 같은 감정의 즉각적인 충족에 초점을 맞추는 서양의 행복관과는 다르다.

GNH는 어떤 개인이 자신의 인생 역정에서 웰빙과 행복을 실현하기 위해 활용할 수 있는 유용한 도구가 될 수 있다. 나라를 발전시키고 성장시키는 철학으로 기능하기도 하지만, 국민 개인의 삶의 태도ethos로 작동하기도 한다. 우리는 개인적 차원에서 가치와 행동을 GNH에 따라 재구성할 수 있다. 그러나 개인의 행동이나 기풍 그리고 달성할 수 있는 웰빙과 행복의 정도는 정부 정책에 의해 실질적으로 영향을 받는다.

GNH가 부탄 정부의 발전철학으로 채택된 것은 1972년 4대 왕이 즉위하고 난 이후이다. 4대 왕은 즉위 이후 백성의 삶의 질과 행복이 국가의 목적이라는 것을 공개석상에서 반복적으로 언급했다. 그가 GNH라는 용어를 부탄 사람들과 언론에 공개적으로 사용한 것은 1979년부터다. 그리고 1986년 영국의 ≪파이낸셜타임스financial times≫와의 인터뷰에서 '국내총생산보다 국민총행복이 더 중요하다'는 취지의 발언을 하면서 GNH라는 정책의 개념이 좀 더 구체적으로 정립되었다. 그러나 그 뿌리는 이미 신권정치 시대인 1729년에 '정부가 백성을 행복하게 하지 못한다

국민총행복위원회 프로그램서비스과.

면, 그런 정부가 존재할 이유가 없다'고 선언한 『부탄 법전Legal Code』
에 있다.

GNH는 1970년대 이후 부탄의 국가 발전 전략으로 자리 잡고
있지만, 그것이 정부 정책과 프로그램에 명시적으로 반영되기 시
작한 것은 2008년 부탄이 절대군주국에서 입헌군주국으로 이행
한 이후다. 부탄은 2008년 통치체제를 전환하면서 처음으로 헌법
을 제정하였는데, 이때 "국가는 GNH를 추구할 수 있는 조건을 증
진하기 위해 노력해야 한다"라는 규정을 명시했다. 이에 따라 10
차 5개년 발전계획(2008~2013년)부터 GNH가 고려되기 시작했다.
물론 부탄은 1961년부터 5년마다 발전계획을 수립·집행하면서
다양한 영역의 균형적인 발전을 추구해왔다.

하지만 국민의 행복을 성장의 최우선 조건으로 고려하기 시
작한 것은 헌법이 바뀐 2008년부터다. 2008년 10차 5개년 발전
계획에는 GNH 지수를 측정하는 도구로써 '영역domain'과 '지표
indicator'가 도입되었으며 GNH 지수가 나라의 발전을 측정하는 수
단으로 명시적으로 자리 잡게 되었다. 부탄 정부는 GNH를 국가
정책의 주류에 편입하기 위해 2008년 국왕 직속 국민총행복위원
회를 설립했다. 국민총행복위원회의 위원장은 총리이며 부위원
장은 재무장관이다. 그리고 각 부처와 환경위원회의 차관Secretary
을 위원으로 두고, 위원회 자체 업무를 총괄하는 차관을 별도로
두고 있다. 국민총행복위원회는 부탄의 국민총행복정책을 기획
하고 조정하는 중심적인 정부 조직이다. 그중에서도 가장 중요한

역할은 'GNH를 위한 전략Strategy for GNH'을 마련하고 부탄의 사회
경제적 발전계획(5년 단위)을 수립하는 것이다. 이를 통해 GNH
가 국가 정책의 계획·결정·집행 과정에서 가장 중요한 자리를
차지하도록 유도한다.

# 아직 행복하지 않은 사람을 위해 일하는 나라

부탄은 유엔이 규정한 최빈국 중 하나지만, 부탄 국민들이 느끼는 주관적인 행복도는 매우 높다. 2005년 인구센서스에서 전체 국민의 97%가 '행복하다'고 대답했다. 이 가운데 '매우 행복하다'는 45.2%, '행복하다'는 51.6%였다. '행복하지 않다'고 답한 국민은 전체의 3%에 불과했다. 2012년 부탄 생활수준 조사에서도 부탄 국민의 85%가 '행복하다'고 답변했다. 나머지 약 15% 중 11.9%는 '행복하지도 불행하지도 않다'에, 2.4%는 '상당히 불행'에, 1%는 '매우 불행하다'에 표를 던졌다. 역시 불행한 국민은 2005년 조사와 마찬가지로 3% 수준에 지나지 않는다.

그러나 이와 같이 부탄 국민에게 직접 행복도를 물어보는 조사 결과와는 달리, 일정한 기준에 입각해 국민의 행복 수준을 조사하는 부탄의 '국민총행복조사'는 조금 다른 통계 결과를 내놓았다.

2015년 국민총행복조사 결과에 의하면 부탄 국민 가운데 행복한 사람은 43.4%로 절반도 되지 않는다. 이 가운데 매우 행복한 사람은 8.3%, 대체로 행복한 사람은 35%였다. 반면에 아직 행복하지 않은 국민은 56.6%나 된다. 47.9%는 약간 행복하고 8.8%는 불행하다. 이 수치를 보면 부탄 사람들이 '가난하지만 행복하다'는 통념에 의문이 생긴다. 앞선 2005년 인구센서스와 2012년 생활수준 조사의 결과와, 뒤이은 2015년 국민총행복조사의 결과 사이에 커다란 차이가 있는 이유는 무엇일까?

그 이유는 앞선 두 조사는 부탄 국민에게 행복 여부를 묻는 단순한 질문에 근거하고 있는 반면에 국민총행복조사는 국민의 행복 수준을 객관적이고 엄밀하게 조사하겠다는 정책적 의지가 반영되었기 때문이다. 게다가 부탄에서는 정부가 정책적으로 국민 행복을 늘 강조하고 있기 때문에 국민 입장에서는 '행복하다'고 답변할 가능성이 높다. 그러나 부탄 정부의 국민총행복조사는 아홉 영역과 33개 지표, 124개 변수를 중심으로 '국민이 실질적인 행복한지' 여부를 판단하는 조사이다. 그리고 더 중요한 것은 그 판단의 기준이 매우 높다는 점이다. 바로 이 점 때문에 두 결과의 차이가 생긴 것이다.

부탄 정부는 행복조사에서 '충분문턱 sufficiency threshold'과 '행복문턱 happiness threshold'이라는 개념을 채택하고 있다. 두 개념에 대해 좀 더 자세히 설명하면 이렇다.

우선 아홉 영역의 33개 지표 각각에 대해 충분문턱(기준)을 설정하고 국민들이 그것을 충족하고 있는가를 조사한다. 각 지표에 대해 대략 80점 이상을 받아야 충분문턱을 넘은 것으로 파악한다. 충분문턱의 충족도, 즉 33개의 지표 가운데 충분문턱을 넘은 비율에 기초해서 50%, 66%, 77%라는 구분 기준<sup>cut off</sup>을 정하고 이를 토대로 국민을 네 부류로 나눈다. 즉, 33개 지표 가운데 충분문턱 충족 비율이 49% 이하인 사람은 '불행<sup>unhappy</sup>', 50~65%인 사람은 '약간 행복<sup>narrowly happy</sup>', 66~76%인 사람은 '대체로 행복<sup>extensively happy</sup>', 77% 이상인 사람은 '매우 행복<sup>deeply happy</sup>'으로 분류한다. 부탄 정부는 기준의 중간점에 해당하는 66%를 행복문턱으로 설정했다. 즉, 33개 지표 가운데 적어도 3분의 2의 지표에

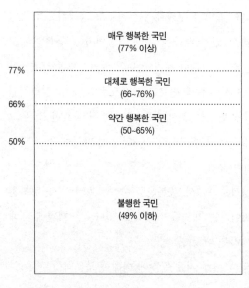

그림 1_
GNH 지수 충분문턱
구분 기준

대해 충분문턱을 넘은 사람을 '행복한 사람'으로 정하는 것이다. 그 이하는 '아직 행복하지 않은 사람'으로 규정한다.

이처럼 부탄의 GNH는 행복한 사람의 기준을 높게 잡고 있다. '66%'라는 행복문턱은 부탄의 정책 목표임과 동시에, 좀 더 많은 국민이 행복문턱을 넘을 수 있도록 활발히 토론하기 위한 숫자다. 만약 부탄 정부가 충분문턱의 기준을 80점 이상이 아니라 그 이하로 낮추거나, 행복문턱을 66%가 아니라 50%로 낮추면 부탄 국민의 90% 이상이 행복한 것으로 평가될 것이다. 그러나 그렇게 하지 않는다. 그 이유는 국민을 행복하게 하는 것이 국가의 의무인데, 행복문턱을 낮추면 국가의 역할을 스스로 낮추는 것과 같기 때문이다. 행복문턱을 낮추지 않는 것은 국민행복을 바라보는 부탄 정부의 태도를 그대로 방증한다.

국민총행복조사 결과에 의하면 부탄 국민의 절반 이상은 '아직 행복하지 않은 사람'이다. 부탄의 국민총행복정책은 '아직 행복하지 않은 사람'을 행복하게 하는 데 초점을 맞춘다. 국민총행복위원회의 관리에게 "부탄에서 행복한 사람은 어떤 사람인가?"라고 물었다. 그는 이렇게 답했다. "모른다. 우리는 행복한 사람은 관심이 없다. 우리의 역할은 '아직 행복하지 않은 사람'을 행복하게 하는 것이기 때문이다." 이처럼 부탄 정부는 '아직 행복하지 않은 사람'에게 모든 정책 역량을 동원해 이들의 행복을 증진시키기 위한 맞춤형 정책 프로그램을 마련한다.

평균적으로 보면, '아직 행복하지 않은' 부탄 사람들은 '교육'·

'생활수준'·'시간 사용'·'굿 거버넌스' 부문에서 충분문턱을 넘지 못하고 있다. 그런데 이것을 지역별로 보면, 도시에서는 '공동체 활력'·'굿 거버넌스'·'시간 사용'·'문화적 다양성 및 복원력' 부문에서, 농촌에서는 '교육'·'생활수준' 부문에서 기준을 충족하지 못하고 있다(GNH 지수를 측정하는 도구인 영역과 지표에 대해서는 5~7장에서 자세하게 다뤘다). 특히, 수도 팀푸<sup>Thimphu</sup>에서는 공동체 활력이 가장 부족하다. 팀푸의 바쁜 도시 사람들은 가족이나 친구, 이웃과 시간을 보낼 여유가 없다. 아파트에서는 옆집에 누가 사는지도 잘 모른다. 이런 문제를 해결하기 위해 부탄 정부는 11차 5개년 발전계획(2013~2018년)부터 주택건설 정책을 바꿨다. 과거에는 주로 주택공급에만 치중했다면, 최근에는 어린이 공원, 노인 쉼터, 농구 시설 등 공동시설을 함께 지어 공동체 활성화를 위해 노력하고 있다. 또한 농촌에서는 보건소와 학교가 매우 멀고 생산된 농산물을 판매할 수 없다. 이런 문제를 해결하기 위해 교육, 통신, 전기, 도로 등 인프라 정비에 노력하고 있다.

이런 점에서 부탄은 '가난하지만 행복한 나라'라는 모호한 표현보다는, '동남아 국가에 비해 특별히 행복하지는 않지만 다른 나라에 비해 정책적으로 국민행복을 증진하기 위해 노력하는 나라'라는 부탄 관리의 말이 더 적확한지 모르겠다.

# 부탄의 국민총행복정책은
다른 나라에도 적용 가능한가

부탄의 국민총행복정책에 대한 평가는 사람에 따라 매우 다양하다. 어떤 사람은 '이상적이지만 비현실적이다', '공허하다'고 비판한다. 2013년 새로 선출된 부탄의 총리는 "오늘날 정부가 기본적인 서비스를 공급하기보다 GNH에 대해 이야기하는 데 더 많은 시간을 보낸다면, 그것은 착각이다. GNH는 공허한 슬로건에 지나지 않는 것은 아닌가. GNH에 대해 토론하기보다는 우리는 GNH를 가로막고 있는 네 가지 장애요인 — 국가채무, 고실업, 인프라 부족, 부패 — 을 제거해야 한다"라고 말했다. GNH보다 일자리 창출과 경제발전을 강조한 것이다. 총리의 이런 발언으로 인해 한때 부탄이 GNH가 아닌 GDP를 중시하는 정책으로 선회하는 것이 아닌가 하는 논란이 일어났다. 이 논란은 언론이 총리의 말을 잘못 인용한 것이라는 해명으로 종식되었으나 여전히 논쟁의

불씨는 남아 있다. 그러나 부탄 헌법(제9조 국가 정책의 원리)에는 '국가는 GNH를 성공적으로 추구할 수 있는 조건을 형성하기 위해 노력해야 한다'고 적혀 있다. GNH를 실천하는 것은 공무원을 포함해 기업 지도자, 시민 등 모든 부탄 국민의 의무라고 규정하고 있다.

앞에서도 언급하였듯이, 부탄의 국민총행복정책은 서양의 행복관과는 다른 불교적 행복관에 기초하고 있다. 그러나 이런 문화적 차이가 부탄의 행복 중심 정책이 외부세계로 확산될 수 없는 이유가 되지는 않는다. 2011년 7월 19일 유엔 총회는 부탄이 주도하고 68개국이 동참하여 새로운 경제 패러다임으로 '유엔 총회 결의 65/309'를 만장일치로 채택했다. '행복: 발전에 대한 전체론적 접근을 향하여'라는 제목을 달고 있는 이 결의는 "행복은 인간의 가장 근본적인 목표이며 보편적인 열망이다. GDP는 그 본질상 이런 목표를 반영할 수 없다. 지속 가능성을 증진하고, 빈곤을 감축하고, 웰빙과 행복을 증진하기 위해서는 좀 더 포용적이고 공평하며 균형 있는 접근이 필요하다"라고 주장했다. 유엔은 이 결의에 따라 부탄 정부와 컬럼비아 대학이 협력해 행복과 경제발전의 공존에 관한 컨퍼런스를 개최하고, 그 결과를 토대로 2012년 4월 2일 유엔 고위급 회담에 보고하도록 권고하고 새로운 경제발전 패러다임을 위한 정책들을 제시할 것을 요청했다.*

카르마 치팀은 2만 6000명이 넘는 부탄 공무원의 인사를 책임지는 인사위원회 위원장이다. 그와의 대화를 통해 부탄이 GDP보다 GNH를 더 중요하게 여기고 GNH를 국정지표로 삼는 이유를 들어봤다.

"GDP 성장은 부탄에게도 중요하다. 우리는 아직도 1인당 국민소득이 3000달러에도 미치지 못하는 가난한 나라다. 부탄 사람들은 좀 더 나은 생활을 하길 원한다. 그러나 GDP는 GNH를 증진하기 위한 수단이지 그 자체가 목적은 아니다. GDP와 더불어 건강, 여가, 교육, 문화, 환경, 공동체 활력 등 사이에 균형이 필요하다". 내가 물었다. "한국 정부도 GNH라는 용어는 사용하지 않지만 GDP뿐 아니라 건강과 문화, 복지, 교육, 환경 등을 개선하기 위해 각 부처가 노력하고 있다. 무슨 차이가 있나?" 그가 대답했다. "커다란 차이big difference가 있다. 예를 들어, 다른 나라들도 국민의 교육과 건강에 신경을 쓴다. 그러나 GDP에 초점을 맞추면 교육은 노동 생산성을 높이기 위한 수단에 불과해진다. 건강도 마찬가지다. 더 오래 일을 시키기 위해 국민의 건강을 챙기게 되는 것이다. 모두 인간을 기계처럼 더 많이, 더 잘 생산하도록 만드는 정책들이다. 문화도 상품이 되고, 환경도 산업이 된다. 삶은 매우 고단해지고 고통스러워진다. 우리는 부탄 사람들이 주변 사람에게 더 관심을 갖고 자신의 인생을 의미 있게 보내

---

* UN, *High Level Meeting on Wellbeing and Happiness: Defining a New Economic Paradigm Hosted by the Royal Government of the Kingdom of Bhutan*(UN Headquarters, 2012).

고 즐길 수 있었으면 좋겠다. 그리고 우리는 그 바람을 실현하기 위해 노력한다."

치팀의 말처럼 국민행복을 중심에 두고 사람과 자연이 공생하는 사회경제 발전을 추구한다면 부탄의 국민총행복정책은 우리나라를 비롯해 많은 나라에 적지 않은 영감을 줄 수 있을 것이다. 실제로 부탄은 앞에서 지적한 유엔 결의 이외에도 많은 나라의 정책에 영향을 주고 있다. 대표적인 지역이 일본 도쿄의 아라카와荒川 구다. 2004년 아라카와 구 구청장에 당선된 니시가와西川太一郞 구청장은 GDP의 숫자가 아니라 구민 한 사람 한 사람이 참으로 행복을 실감할 수 있는지 여부가 구정의 가장 중요한 요소라고 생각했다. 그래서 마음의 풍요로움과 사람들 사이의 유대를 중시하고, 구민이 안심하고 생활할 수 있는 따뜻한 지역사회를 지향하는 것이 기초자치단체의 역할이라고 생각하던 중, 부탄의 국민총행복정책을 알게 되었다.

국민행복의 최대화를 국가의 최우선 목표로 삼는 부탄의 정책에 큰 감명을 받은 그는 '구정區政은 구민을 행복하게 하는 시스템'이고, '당면해서 구청이 해야 할 의무는 자신이 불행하다고 생각하는 사람의 수를 줄이는 것'이라고 생각했다. 이는 '국민을 행복하게 하지 못하는 정부는 필요 없다', '아직 행복하지 않은 사람을 행복하게 하는 것이 정부의 역할'이라는 부탄의 국민총행복정책과 일맥상통하는 것이다. 니시가와 구청장은 2005년 아라카와 구민 총행복도Gross Arakawa Happiness, 즉 'GAH'를 내걸고 구청에 특별

전 부탄 국민총행복위원회 차관 카르마 치팀과 나.

프로젝트팀을 결성해 연구를 개시했으며 2006년에는 세 명의 직원을 부탄에 파견했다. 2009년 10월에는 GAH를 포함한 구정의 당면과제에 관해 조사·연구하는 기관인 아라카와 자치 종합 연구소를 설치했다.

GAH란 GNH와 마찬가지로 아라카와 구민의 행복도를 측정하는 기준이자 지표이다. GAH는 아라카와 구가 지향해야 할 미래상인 '행복 실감 도시 아라카와'를 실현하기 위한 여섯 개 영역과 각 영역별 7~9개의 지표(총 47개)를 중심으로 구민의 만족도를 물어 측정한다. 여섯 개 영역은 건강·복지, 육아·교육, 사업, 환경, 문화, 안전·안심으로 구성되어 있다. 이렇게 측정된 각 지표는 실제로 구의 정책이나 시책에 연결되도록 한다. 지금까지의 행정평가는 결과output에 의한 평가 — 가령 공원 수, 강좌의 개최 수 등 — 가 중심이었는데, 이것을 성과outcome에 의한 평가로 전환했다. 행정의 궁극적인 성과는 구민의 행복이란 관점에서, 구민의 행복도를 측정할 지표를 만들고 행정이 구민의 행복도 향상에 어느 정도 기여했는지를 평가한다. 따라서 자원을 투자하는 기준 역시 '구민의 행복도를 얼마나 향상할 수 있는가'에 가장 큰 비중을 둔다.

GAH는 부탄의 GNH를 벤치마킹해 아라카와 구의 상황에 맞도록 수정해 한층 더 발전시킨 것이다. 특히 GAH는 행복의 개념을 '자신의 행복', '가까운 사람의 행복', '지역의 행복' 세 가지 측면으로 이해한다. 개인과 사회의 행복을 동일선상에 놓고 바라보는 것이다. 이와 같이 행복을 세 개의 층위로 이해하는 자세는 부탄의 GNH가 바라보는 행복의 개념과 유사하다. 즉, 행복이 집단적collective으로 실현된다고 보는 것과 같은 맥락이다. 이처럼 부탄의 국민총행복정책은 각 지역의 특수성을 고려해 폭넓게 적용할 수 있으며, 오히려 더 발전적으로 확산할 수 있을 것이다. 아라카와의 GAH처럼 말이다.

# 국민총행복을 지탱하는
# 네 기둥과 아홉 영역

부탄의 GNH는 네 기둥<sup>pillar</sup>으로 이루어져 있다.

첫 번째 기둥은 '지속 가능하고 공평한 사회적·경제적 발전'이다. 이에 관한 4대 왕의 말을 들어보자. "우리는 물질주의와 소비주의의 조류에 휩쓸리기를 원하지 않는다. 우리의 정신적 가치와 문화적 가치가 보전되길 바라며, 전통은 반드시 보전해야 한다. 동시에 우리는 인민의 삶의 질을 향상하기 위해 공평하면서도 수준 높은 경제 성장을 달성해야만 한다." 부탄의 국민총행복정책에서 경제 성장은 그 자체가 목적이 아니다. 성장과 발전은 사람들의 웰빙을 증진하기 위한 수단에 불과하다.

두 번째 기둥은 '문화의 보전과 증진'이다. 문화는 민족 정체성의 기초가 된다. 사람들을 하나로 통합하고 공동체적 유대를 강화한다. 국민행복 증진을 위해서 절대적으로 필요한 요소다. 하지만 이것은 반드시 전통문화를 고수하는 것만을 의미하는 것은 아니다. 부탄 헌법 제4조는 "국가는 문화를 진화하는 동태적 힘으로 인식하고, 전통적 가치와 제도가 끊임없는 진화를 통해서 진취적 사회에서 지속 가능하도록 강화해야 한다"라고 규정하고 있다.

세 번째 기둥은 '생태계의 보전'이다. 부탄 헌법 제5조는 "정부와 부탄 인민은 현 세대와 미래 세대를 위해 환경을 가꿀 책무가 있다"라고 규정하고 있다. 부탄 정부는 환경 보존과 사회경제적 발전 사이의 균형과 조화를 추구하고 있다.

네 번째 기둥은 '굿 거버넌스good governance'다. 이는 나머지 세 기둥을 실현하기 위한 수단으로, 중앙 정부든 지방 정부든 상관없이 투명한 정책을 수행할 것을 강조한다. 또 대중의 참여와 요구를 적극적으로 수용하고, 사업의 결과에 대해 책임져야 한다. 여기에 유능하고 효율적인 정책 수행력까지 갖춰야 한다.

이 네 기둥을 토대로 각 하위에 다시 아홉 영역을 설정했다. 아홉 영역은 다음으로 구성되어 있다. 생활수준living standards, 교육education, 건강health, 문화적 다양성 및 복원력culture, 공동체 활력community vitality, 심리적 웰빙psychological wellbeing, 시간 사용time use, 생태적 다양성 및 복원력ecological diversity and resilience, 굿 거버넌스good governance. 네 기둥과 아홉 영역의 관계를 알기 쉽게 정리하면 '표 1'과 같다.

부탄 정부는 아홉 영역을 세 가지 범주로 분류한다. '기둥 1'에

**표 1_ GNH의 네 기둥과 아홉 영역**

| 기둥 1 | 지속 가능하고 공평한 사회경제 발전 | 생활수준 | 표준 영역 |
|---|---|---|---|
| | | 교육 | |
| | | 건강 | |
| 기둥 2 | 문화의 보전과 증진 | 문화적 다양성 및 복원력 | 혁신 영역 |
| | | 공동체 활력 | |
| | | 심리적 웰빙 | |
| | | 시간 사용 | 신규 영역 |
| 기둥 3 | 생태계의 보전 | 생태적 다양성 및 복원력 | |
| 기둥 4 | 굿 거버넌스 | 굿 거버넌스 | |

자료: Karma Ura et al., *A Short Guide to Gross National Happiness Index*(The Center for Bhutan Studies, 2012).

해당하는 생활수준, 교육, 건강은 다른 나라에서도 보편적으로 채택하는 표준 영역이다. 시간 사용과 생태적 다양성 및 복원력, 굿 거버넌스는 신규 영역으로, 문화적 다양성 및 복원력과 공동체 활력, 심리적 웰빙은 혁신 영역으로 분류한다. 이 가운데에서도 특히 눈길을 끄는 것이 시간 사용 영역이다. 사람들이 노동을 더 많이 하면 더 많은 소득을 올릴 수 있다는 사실을 부탄 정부 역시 잘 알고 있지만, 정부는 노동 못지않게 여가와 휴식을 중요하게 여긴다. 국민들에게 하루를 셋으로 나눠, 8시간은 일하고 8시간은 자신과 가족과 공동체를 위해 사용하고 나머지 8시간은 건강을 위해 수면을 취할 것을 권고한다. 이런 방침에 따라 공무원을 포함해 부탄의 모든 공공기관 종사자는 오후 5시가 되면 '칼

퇴근'을 해 '저녁이 있는 삶'을 누린다. 실제로 내가 부탄연구소에 두 달간 연구원으로 근무했을 때, 오후 5시가 되자 동료들이 모두 퇴근해버려 도저히 민망해서 혼자 남아 있을 수가 없었다. 물론 민간 부문의 노동 시간에 대해선 국가가 강제할 수 없지만, 정부 부문이 먼저 솔선수범해 민간이 이를 따르도록 유도한다.

앞에서 말했듯, 부탄 정부는 국민이 느끼는 행복의 수준을 측정하고 그것을 정책에 반영하기 위해 정기적으로 국민총행복조사를 실시하고 있다.

이 조사를 위해 정부는 총 아홉 영역에 대해 각각 2~4개 지표를 지정해 총 33개 지표를 설정했다. 그리고 각 지표에 대한 하위 지표(변수)를 다시 정해 총 124개 세부 지표를 정리했다. 국민총행복조사란 바로 이 수많은 지표를 토대로 국민의 행복지수를 평가하는 조사다. 부탄은 이 조사를 통해 얻은 GNH 지수와 각 지표의 수치를 참고해 국가 발전 방향을 제시한다. 첫째, 관심과 지원이 필요한 분야에 자원을 배분하기 위한 토대를 제공한다. 둘째, 정책 및 프로젝트 심사 도구Policy/Project Screening Tools를 사용해 정책을 심사해 GNH가 모든 정책의 주류mainstream를 형성하도록 한다(8장 참고).

아홉 영역은 총 33개 지표로 구성되어 있으며, 지표는 다시 123개 하위 변수로 이루어져 있다. 그럼 이제 각 영역의 지표와 각 지표별 하위 변수에 대해 알아보자.

심리적 웰빙 영역은 인간의 본질적이며 가치 있고 바람직한 상태를 측정하는 도구다. 이것을 측정하기 위한 지표로는, '삶에 대한 만족도life satisfaction', 정서적 균형emotional balance 을 반영하는 '긍정적 감정'과 '부정적 감정', '영성spirituality' 등 네 지표를 사용한다. 삶에 대한 만족도는 건강, 직업, 가족, 생활수준, 노동과 삶의 균형 등 다섯 개의 변수에 대한 각 개인의 만족도를 측정해 평가한다. 긍정적 감정은 동정심, 관대함, 용서, 만족, 평온 등의 변수로 평가한다. 부정적 감정은 이기심, 질투, 성냄, 공포, 근심 등의 변수로 평가한다. 끝으로, 영성은 자기 자신이 생각하는 영적 수준, 일상에서 카르마(운명)를 느끼는 빈도, 기도문 암송 횟수, 명상 횟수 등의 변수로 평가한다.

건강 영역은 신체와 건강 사이에, 인간과 환경 사이에 얼마나 균형 잡힌 관계를 유지하고 있는가를 측정하는 도구다. 부탄 사람들은 건강을 크게 신체적 건강과 정신적 건강으로 나눠서 본다. 이를 평가하기 위한 지표로는 '자기 진단 건강 상태', '지난달의 건강 일수', '장기 장애 유무', '정신 건강' 등 네 가지가 있다.

교육 영역은 GNH에서 가장 중요하게 여기는 영역이다. 부탄 사람들은 교육은 한 개인이 전통적 지식과 공통의 가치 및 기술을 획득하는 기초로 생각한다. 부탄이 추구하는 전체론적인holistic 교육은 관행적이고 형식적인 교육의 틀을 넘어 '좋은 인간'을 만들어 낸다. 이를 평가하는 지표로는 '문해력literacy', '교육기간schooling', '지식', '가치' 등이 있다. 지식을 평가하는 변수로는 지역의 전설, 민속 이야기, 지역 축제, 전통 음악, HIV/AIDS 전염에 대한 지식,

헌법 등이 있다. 그리고 가치는 살인, 절도, 거짓말, 불협화음 조장, 성적 부정행위 등 파괴적 행동에 대한 가치관을 측정해 평가한다.

문화적 다양성 및 복원력 영역은 국가의 주권을 강화하고 국민에게 정체성을 제공할 수 있는 정도를 측정하는 도구다. 따라서 이 영역의 지표를 관리하는 일은 정부와 국민 모두에게 우선순위가 매우 높은 일이다. 문화는 정체성의 원천이자 부탄이 지난 근대화 과정에서 겪었던 부정적 영향을 완화하고 정신적으로 풍요롭게 하는 원천이다. '지방 방언', '예술 및 공예 숙련', '문화 참여', '행동 규범' 등 네 가지 지표가 적용된다. 예술 및 공연 숙련 수준을 측정하기 위해 '조리그 주섬Zorig Chusum'으로 알려진 직조·조각·자수·회화·목공 등 13개 분야의 예술 및 공예의 숙련도를 변수로 활용하고, 행동 규범을 측정하기 위해서는 공식적 모임에서의 소비·복장·행동 등의 에티켓 등을 변수로 활용한다.

굿 거버넌스 영역은 국민의 기본적인 권리, 제도에 대한 신뢰, 정부기관의 성과, 정치적 참여 등을 반영한다. 정치적 행위를 정부 서비스와 결부한다는 점에서, 즉 아홉 영역 안에 굿 거버넌스 영역을 집어넣었다는 것 자체가 매우 혁신적이다. 이를 측정하기 위한 지표로는 '정부 성과', '국민의 기본적 권리', '서비스 접근', '정치적 참여' 등 네 가지가 있다. 정부 성과는 고용·평등·교육·건강·반부패·환경·문화 등의 변수로, 기본적 권리는 언론·투표·정당 활동·무차별·동일노동 동일임금 등의 변수로, 서비스 접근은 의료·전기·쓰레기 처리·물 등의 변수로 평가한다.

생활수준 영역은 부탄 사람들의 물질적 웰빙을 나타낸다. 안락한 삶을 구가하기 위해 기본적인 물적 토대를 충족하고 있는지를 측정한다. 여기에는 '가계 소득', '자산', '주택' 등 세 가지 지표가 적용된다. 각각의 지표를 측정하기 위한 변수는 다음과 같다. 가계 소득은 빈곤선으로, 자산은 가전제품·토지·가축 등으로, 주택은 화장실 형태·지붕의 자재·방의 수 등으로 측정한다.

공동체 활력 영역은 한 나라의 사회적 자본을 반영한다. 이것은 공동체 내의 협력적 관계와 사회적 네트워크를 통해 유지된다. '기부', '공동체 관계', '가족', '안전' 등 네 가지 지표가 적용된다. 이 가운데 기부는 시간과 돈이라는 변수로, 공동체 관계는 소속의식과 이웃에 대한 신뢰라는 변수로 평가한다.

시간 사용 영역에서 가장 중요한 것은 균형이다. 여기서 말하는 균형이란 지불 노동과 미지불 노동, 여가 사이의 균형이다. 유연한 노동 생활은 개별 노동자의 웰빙에 결정적인 영향을 미치고, 나아가 그들이 속한 가족과 공동체에 활력을 준다. 부탄 정부는 국민들에게 8시간은 일하는 시간으로, 8시간은 수면을 취해 건강을 유지하는 시간으로, 8시간은 자기 개발과 공동체에 대해 기여하는 시간으로 사용하도록 권장한다.

생태적 다양성 및 복원력 영역은 인간이 발전을 추구하는 데 가장 중요한 역할을 한다. 부탄은 이러한 가치관을 헌법 제5조에 반영하고 있다. 지표로 '생태적 문제', '환경에 대한 책임', '야생동물에 의한 피해', '도시 문제' 등을 활용한다. 생태적 문제를 측정하는 변수로는 공해와 오염·소음·쓰레기·토양 침식·홍수·토사 등이 있으며, 도시 문제를 측정하는 변수로는 교통 체증·녹지 부족·보행자 도로 부족·도시의 스프롤sprawl(도시의 교외 확대와 난개발) 등이 있다.

# 국민총행복조사는
# 어떻게 이루어지나

부탄은 GNH 지수를 측정하기 위해 국민총행복조사를 실시하고 있다. 2006년에 파일럿 조사를 실시했고, 2008년에는 전국적인 표본 조사를 실시했으나, 우리나라의 '도道'에 해당하는 행정단위인 종카그Dzongkhag, district별로 이루어지지는 않았다. 2010년 조사에 와서야 20개 모든 종카그에서 조사가 실시되었다. 원래 2년마다 조사할 예정이었으나 2012년에는 예산 부족으로 실행에 옮기지 못했고, 2014년 12월에 이르러 4년 만에 제3차 국민총행복조사를 실시했다. 2015년 국민총행복조사는 부탄 연구 및 국민총행복조사 센터 Center for Bhutan Studies & GNH Research 주관 하에 아홉 영역에 대한 148개의 질문을 기초로 해 실시했다. 인터뷰 형식으로 진행된 이 조사는, 물론 대상에 따라 차이가 발생하긴 했으나 대부분 한 명당 1시간 30분 정도 소요되었다. 조사를 위해 대학 졸업생 중 총 66명을 조사 요원으로 선발해 훈련시킨 뒤 여섯 팀으로 나눠 전국을 돌아다니며 조사를 수행하게 했다. 그들은 전국 20개 종카그에 살고 있는 가정을 방문해 총 8871명을 만났는데, 그중 다양한 학력과 직업을 가진 15~96세 7153명(부탄 인구의 약 1%)과 인터뷰를 진행했다. 이것은 대단히 힘든 일이다. 인터뷰가 힘든 것이 아니라, 인터뷰 대상자들을 만나러 가는 일 자체가 쉽지 않다. 어느 팀의 경우는 오지 조사를 위해 이틀을 걸어가야만 했다. 또 이 방대한 인터뷰는 무려 열 가지 방언으로 진행되었다.

2010년 이후 국민총행복조사는 아홉 영역 33개 지표라는 기본적인 틀이 마련되었다(2008년 조사 때는 72개 지표가 동원되었다). 그리고 이 지표에 대한 측정값을 토대로 GNH 지수를 측정한다. 아홉 영역과 33개 지표는 똑같이 중요하기 때문에 가중치는 대체로 동일하다. 하지만 주관적인 지표는 가중치가 상대적으로 낮고, 객관적이고 신뢰도가 높은 변수는 가중치가 상대적으로 높다. '표 2'는 아홉 영역에 대한 33개 지표의 가중치를 보여준다.

GNH 지수를 계산하기 위해 부탄 정부가 두 가지 '문턱'을 사용하고 있다고 앞 장에서 설명했다. 우선 각 지표에 대한 충분문턱을 정하고, 개개인이 각 지표에 대한 충분 기준을 충족하고 있는가를 조사한다(행복문턱). 충분문턱의 기준은 국제적 기준(가령 '노동 시간' 지표의 충분문턱은 '하루 8시간 노동'이다), 국내적 기준(가령 '1인당 소득' 지표의 충분문턱은 '부탄 빈곤선의 1.5배'다)을 적절히 활

### 표 2_ GNH 지수 각 영역별·지표별 가중치

| 영역 | 지표 | 가중치(%) |
|---|---|---|
| 심리적 웰빙 | 삶에 대한 만족도 | 33 |
| | 긍정적 감정 | 17 |
| | 부정적 감정 | 17 |
| | 영성 | 33 |
| 건강 | 자가 진단 건강 상태 | 10 |
| | 지난달의 건강 일수 | 30 |
| | 장기 장애 유무 | 30 |
| | 정신 건강 | 30 |
| 교육 | 문해력 | 30 |
| | 교육기간 | 30 |
| | 지식 | 20 |
| | 가치 | 20 |
| 문화적 다양성 및 복원력 | 예술 및 공예 숙련 | 30 |
| | 문화 참여 | 30 |
| | 지방 방언 | 20 |
| | 행동 규범 | 20 |
| 굿 거버넌스 | 정치적 참여 | 40 |
| | 서비스 접근 | 40 |
| | 정부 성과 | 10 |
| | 국민의 기본적 권리 | 10 |
| 생태적 다양성 및 복원력 | 야생동물에 의한 피해 | 40 |
| | 도시 문제 | 40 |
| | 환경에 대한 책임 | 10 |
| | 생태적 문제 | 10 |

| | | |
|---|---|---|
| 생활수준 | 1인당 소득 | 33 |
| | 자산 | 33 |
| | 주택 | 33 |
| 공동체 활력 | 기부 | 30 |
| | 안전 | 30 |
| | 공동체 관계 | 20 |
| | 가족 | 20 |
| 시간 사용 | 노동 시간 | 50 |
| | 수면 시간 | 50 |

자료: Karma Ura et al., *A Short Guide to Gross National Happiness Index*(The Center for Bhutan Studies, 2012).

용해 규범적 판단을 고려해 참여자 회의에서 결정한다. 예를 들어, 심리적 웰빙 영역의 하위 지표인 삶에 대한 만족도의 충분문턱이 어떻게 적용되는지를 살펴보자.

'삶에 대한 만족도' 지표는 건강, 직업, 가족, 생활수준, 노동과 삶의 균형 등 다섯 개 변수에 관한 주관적 만족도 평가에 기초한다. 건강 변수의 경우 "당신은 자신의 건강 상태에 대해 얼마나 만족하는가?"라는 질문에 대한 답변을 평가에 활용하는 것이다. 답변은 1~5점을 택할 수 있다. 가장 나쁜 것은 1점, 가장 좋은 것은 5점이다. 이런 평가 방식은 나머지 변수에 대해서도 동일하다. 심리적 웰빙 영역은 총 네 개 지표로 구성되어 있으므로, 이 가운데 '삶에 대한 만족도' 지표는 100점을 넷으로 나눠 총 25점을 가져간다. 국민총행복조사의 충분문턱이 19점이니까, 충분문턱보다 높은 점수(20~25점)를 얻은 사람은 '삶에 대한 만족도' 지표를 충족한 것으로, 19점 이하를 얻은 사람은 충족하지 못한 것으로 평가한다.

각 지표에 대한 충분문턱을 충족했다면, 여기에 각 지표의 가중치를 곱하고 그 값을 다 합쳐 각 영역별 점수를 산출한다('삶에 대한 만족도' 지표의 경우 가중치가 33%다). 이 점수를 통해 개개인이 충분문턱을 어느 정도 넘어섰는지를 평가한다. 예를 들어, 도르지라는 부탄 사람이 심리적 웰빙 영역 중 삶에 대한 만족도와 영성 지표에서 충분문턱을 충족하고, 긍정적 감정과 부정적 감정 지표에서 충분문턱을 충족하지 못했다고 치자. 그는 삶에 대한 만족도(33%)와 영성(33%) 지표에서만 충분문턱을 넘었으므로 총 66%의 가중치를 확보한다. GNH를 구성하는 아홉 영역의 비중은 모두 동일하므로 66%에 다시 9분의 1을 곱하면, 도르지는 심리적 웰빙 영역에서 총 7.3%을 획득하는 것이다.

또 다른 예를 들어보자. 도르지는 교육 영역의 경우 문해력(30%), 교육기간(30%), 지식(20%) 지표에서는 충분문턱을 충족하고, 가치(20%) 지표에서는 충족하지 못했다. 도르지는 교육 영역에서 총 80%의 가중치를 얻었으며 이 숫자에 9분의 1을 곱해 최종적으로 8.9%를 획득한다. 이와 같은 방식으로 아홉 영역에서 도르지가 얻은 숫자를 합하면 그가 행복을 향한 충분문턱을 어느 정도 충족했는가를 알 수 있다. 그리고 앞에서 자세히 설명했듯이, 이 아홉 영역의 점수를 다 더한 것을 일정한 구분 기준을 적용해 다시 네 그룹 — '매우 행복', '대체로 행복', '약간 행복', '불행' — 으로 나눠 행복문턱을 넘은 부탄 국민이 얼마나 되는지를 파악한다.

부탄 정부는 세 개 구분 기준 중 중간에 해당하는 66%를 행복 문턱으로 설정했다. 따라서 이 충분문턱(66%)을 넘어서지 못하는 사람은 국민총행복조사에 따르면 '아직 행복하지 않은not-yet -unhappy 사람'으로 분류된다. 즉, 부탄에서는 행복한 사람으로 분류되기 위해서는 아홉 영역 가운데 적어도 3분의 2는 일정 기준을 충족해야 한다는 것과 같은 말이다.

실례를 보자. 치미는 농촌 지역인 왕두에포드랑Wangdue Phodrang 에 살고 있는 여인이다. 그녀의 가족은 총 네 명이다. 그녀는 건강하고 긍정적 감정을 갖고 있고 자신의 삶에 만족하고 있다. 문화적 전통에 친숙하고 정부 서비스를 긍정적으로 평가하고 있으며 국가로부터 자신의 기본권을 존중받고 있다. 그녀는 물론 다음 선거에 투표할 예정이다. 또한 가족과 좋은 관계를 유지하고 있고 자신이 속한 공동체를 위한 기부에도 적극적이다. 그녀는 자신의 거처와 가족이 안전하다고 생각하며 잠도 잘 자고 환경을 지키는 것에 대한 책임감도 갖고 있다. 삶을 유지하는 데 필요한 자산을 갖고 있으며 야생동물로부터 피해를 당한 적도 없다. 그러나 이런 성취에도 불구하고 그녀는 영성이 부족하고 노동 시간이 너무 길다. 게다가 그녀는 문맹이며 전혀 교육을 받지 못했다. 전통 예술이나 공예와 관련한 기술도 보유하고 있지 않고, 정부의 성과에 대해선 불만을 갖고 있다. 생계를 이어나가는 데는 문제가 없지만, 좋은 주택을 갖고 있지 못하고 충분한 소득을 얻지 못하고 있다. 이를 종합해봤을 때, 그녀의 GNH 지수는 간신히 행복 문턱을 넘어섰다. 그녀는 부탄에서 '대체로 행복extensively happy한 사람'으로 분류된다.

# 국민총행복지수는
# 어떻게 계산하나

부탄에서 국민총행복정책의 기초적인 자료가 되는 GNH 지수는 어떻게 계산될까. 부탄의 GNH 지수는 사비나 알키레Sabina Alkire와 제임스 포스터James Foster의 다차원 빈곤지수 방법론*을 활용해 계산한다. 즉, 행복한 사람의 비율(HH)과 '아직 행복하지 않은' 사람이지만 그들이 누리고 있는 충분sufficiency의 정도를 합해서 산출하는 것이다. 여기서 후자의 비율은, '아직 행복하지 않은 사람'의 비율(HU=1-HH)과 그들이 충분문턱을 달성한 영역의 평균 비율(AS)을 곱해서 계산한다. 이것을 수식으로 표현하면 다음과 같다.

---

\*   Sabina Alkire and James Foster, "Counting and Multidimensional Poverty Measurement," *Journal of Public Economics*, 95(7·8), 2011, pp. 476~487.

· 행복한 사람의 비율: HH

· 아직 행복하지 않은 사람의 비율: HU(1-HH)

· 아직 행복하지 않은 사람들이 충분문턱을 달성한 영역의 평균 비율: AS

· GNH: HH+(HU*AS)

2015년에 진행된 부탄 국민총행복조사의 결과에 따르면, 부탄 사람의 43.4%가 행복하고 56.6%가 아직 행복하지 않다. 그리고 아직 행복하지 않은 사람들(56.6%)의 충분문턱 점수는 56.9%이다. 그럼 이 지수를 토대로 2015년의 부탄 GNH 지수를 구해보자.

· 행복한 사람의 비율: 43.4%(HH)

· 아직 행복하지 않은 사람의 비율: 56.6%(HU)

· 아직 행복하지 않은 사람들이 충분문턱을 달성한 영역의 평균 비율
  : 56.9%(AS)

· GNH: 0.434+(0.566*0.569)=0.756

참고로 2010년의 GNH 지수가 0.743이었음을 고려하면 2010년과 2015년 사이에 부탄 사람들의 행복지수가 약간 상승했음을 알 수 있다. 2010년 GNH 지수와 비교해서 2015년 GNH 지수에 구체적으로 어떤 변화가 있었는지를 살펴보자. '표 3'에 따르면 행복한 사람의 비율이 40.9%에서 43.4%로 증가한 반면에(주로

**표 3_ GNH 지수·비율·충족도 비교**

| 구분 | | 행복 | | 아직 행복하지 않음 | |
|---|---|---|---|---|---|
| | | 매우 행복 | 대체로 행복 | 약간 행복 | 불행 |
| 충분문턱 충족도 | | 77~100 | 66~76 | 50~65 | 0~49 |
| 인구 비율 (%) | 2010 | 8.3 | 32.6 | 48.7 | 10.4 |
| | 2015 | 8.4 | 35.0 | 47.9 | 8.7 |
| 영역별 평균 충족도 (%) | 2010 | 81.5 | 70.7 | 59.1 | 44.7 |
| | 2015 | 81.0 | 70.8 | 58.1 | 45.2 |

자료: Karma Ura et al., *Provisional Findings of 2015 GNH Survey*(Centre for Bhutan Studies, 2015); GNH Research(2015).

'대체로 행복') 아직 행복하지 않은 사람(주로 '불행')은 약간 감소했다. 그리고 '불행'에 속한 사람들의 행복문턱 충족도가 약간 상승했다. 이런 결과는 2015년에 이르러 부탄 사람들의 행복지수가 2010년에 비해 전반적으로 상승했으며, 그중에서도 하층이 상층에 비해 더 많이 증가했다는 것을 의미한다. GNH 지수는 전반적으로 증가했으며, 여성·노인·무학력자·농민 등이 상대적으로 더 많이 증가했다. 지표별로 보면 생활수준 영역과 건강 영역에 속하는 지표들과 서비스 접근·문화 참여 지표 등이 GNH 지수를 상승시켰고, 영역별로는 심리적 웰빙·공동체 활력·문화적 다양성 및 복원력 등의 충족도가 하락했다.

부탄 정부는 GNH를 이루는 아홉 영역의 비중을 모두 동등하게 여긴다. 따라서 가장 이상적인 것은 사람들이 아홉 영역에서

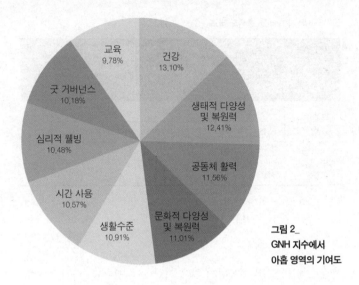

그림 2_
GNH 지수에서
아홉 영역의 기여도

균형(각 영역 11.1%)을 맞추며 살아가는 것이다. '그림 2'는 각 영역이 GNH 지수에 어느 정도 기여하는지를 비율로 나타낸 것이다. 아홉 영역 가운데 건강(13.10%), 생태적 다양성 및 복원력(12.41%), 공동체 활력(11.56%)의 비율이 상대적으로 크다. 교육(9.78%), 굿 거버넌스(10.18%), 심리적 웰빙(10.48%)은 기여도가 다소 낮다. 그렇지만 그 차이가 크지 않다. 정부는 국민들이 이 아홉 영역에서 상대적으로 균형을 이루며 살아가길 바라고 있다.

부탄 정부는 GNH 지수를 전 국민에 대해서 측정할 뿐 아니라, 이것을 지역(종카그)별, 성별, 도시·농촌별, 교육 수준별, 연령별, 기혼·미혼별, 직업별로 다시 측정한다.

종카그별로 보면, 부탄 북서 지역에 있는 종카그 – 가사, 팀푸, 파로, 하 등 – 의 GNH 지수가 높은 반면에, 남동 지역에 있는 종카그 – 트롱사, 타시앙체, 몽가르, 타시강 등 – 가 낮은 편이다. 가장 높은 지역은 가사Gasa인데 지수가 무려 0.858이나 된다. 가장 낮은 지역인 트롱사Trongsa의 지수는 0.693이다. 차이가 크다. 여기서 재밌는 사실은 각 종카그의 GNH 지수가 소득 수준과 반드시 일치하지 않는다는 것이다. 룬체Lhuntshi, 치랑Tsirang, 페마가첼Pemagatsel, 하Haa 등 소득이 낮은 종카그가 오히려 높은 GNH 지수를 얻고 있다.

성별로는 남성의 51%가 행복한 반면에 여성은 39%에 지나지 않는다. 그렇지만 2010~2015년 사이에 여성의 GNH 지수가 남성보다 더 빠르게 증가해 성별 차이가 많이 줄었다. 남성은 거의 모든 지표에서 충분문턱의 충족도가 여성보다 조금씩 높은데, 특히 우위를 보이는 영역은 교육 영역과 굿 거버넌스 영역이다. 여자와 남자의 지수 차이가 거의 없는 영역은 생태적 다양성 및 복원력 영역과 건강 영역이다.

농촌과 도시를 비교해보자. 도시 사람의 55%가 행복한 반면에 농촌 지역은 행복한 사람의 비율이 38%에 지나지 않는다. 2010년 GNH 지수에서는 도시와 농촌의 '행복' 비율이 각각 50%와 37%였는데 이보다 더 격차가 벌어진 것이다. 도시에 사는 사람들 중에서 행복한 사람이 더 많이 늘어나고 있다. 그중에서도 특히 생활수준 영역과 교육 영역에서 도시와 농촌 사이의 격차가 많이 벌

부탄의 승려 학교 학생들.

어져 있다. 반대로 건강 영역과 공동체 활력 영역에서는 농촌이 도시보다 우위에 있다.

교육 수준별로 보면, 교육 수준이 높을수록 GNH 지수가 높다. 정규 교육을 받지 못한 사람 가운데 32%만이 행복한 반면에, 고등학교 이상의 교육을 받은 사람은 60% 이상이 행복하다. 하지만 이 역시 정규 교육을 받지 못한 사람들의 GNH 지수가 빠르게 증가하고 있어서 그 격차가 많이 줄어들었다.

직업별로는 농민의 GNH 지수가 가장 낮았다. 실업자보다도 더 낮았는데, 흥미로운 것은 부탄의 실업자들이 13개 직업 분류 가운데 네 번째로 GNH 지수가 높다는 점이다. 지방 공무원의 GNH 지수가 가장 높았고 그 다음이 중앙 공무원, 공기업 직원 순이다. 대체적으로 공적 영역에 종사하는 직업군의 GNH 지수가 높다. 승려 등 종교 분야 종사자의 GNH 지수는 중간 수준이다. 2010년 결과와 비교하면 농부와 실업자의 GNH 지수가 다소 증가했다.

연령별로는 30세 이하 젊은 층이 가장 높았고 70세 이상이 가장 낮았다. 40대가 상대적으로 낮았으며, 30대와 60대는 비슷한 수준을 보였다.

끝으로, 한 번도 결혼하지 않은 사람의 GNH 지수가 가장 높고, 결혼·이혼·별거·과부 순으로 결혼을 경험해본 사람의 GNH 지수가 낮아졌다. 그러나 이 자료는 통계적 유의 수준이 낮아서 큰 의미는 없다.

# 모든 국가 정책은
# 국민총행복심사를 받아야 한다

이와 같이 부탄 정부는 정책의 목표를 설정·평가·감시하고, 정책에 대한 국민적 합의를 끌어내기 위해 GNH를 다양하게 활용한다. 그리고 이 과정에서 핵심적 역할을 하는 것이 정책 및 프로젝트 심사 도구Policy/Project Screening Tools다. 부탄 정부는 이 심사 도구를 통해 GNH라는 렌즈로 바라본 국가 정책 및 프로젝트의 현황을 체계적으로 평가한다. 그 평가 결과에 따라 GNH를 향상하기 위한 새로운 정책적 목표를 선정하고, 반대로 악영향을 미치는 정책 및 프로젝트는 거부한다.

이와 관련한 흥미로운 예가 부탄의 'WTO 가입 논쟁'이다. 부탄은 1999년 WTO 가입 신청을 해, '참관 국가' 자격을 획득했다. 부탄은 가입 조건을 거의 충족했으나, 2008년에 들어선 부탄 민주정부는 WTO 가입 노력을 중단했다. 국민총행복위원회는 WTO

가입안을 놓고 찬반 투표를 벌였다. 국민총행복위원회의 위원 24명 가운데 19명이 가입에 찬성했다. 하지만 결국 부탄은 WTO 가입을 고사한다. 바로 이 정책 및 프로젝트 심사 도구 검증에서 가입이 GNH에 바람직하지 않다는 이유 때문에 국민총행복위원회의 투표가 뒤집힌 것이다. 결국 WTO 가입안은 위원 19명의 반대로 무산되었다. 아직도 부탄은 WTO에 가입하지 않고 있다.

부탄 정부는 정책 심사를 위해 GNH를 구성하는 아홉 영역의 33개 지표에서 일부 지표를 임의로 추출해 활용하기도 한다. 즉, 사람들의 행복에 영향을 미치는 가장 중요한 지표들 말이다. 물론 심사 도구에 사용되는 지표는 고정된 것은 아니고 상황에 따라 탄력적으로 정한다.

예를 들어, 2012년까지는 26개의 지표가 사용되었는데 지금은 일부가 통합되어 형평성, 성 평등, 반부패, 의사결정 기회, 공공 건강, 스트레스, 가족, 자연, 문화 등 22개 지표가 사용되고 있다(표 4). 모든 프로그램이나 정책의 초안은 이 점수를 기준으로 집행되며, 각 지표에 대해 어떤 영향 – 부정적·불확실적·중립적·긍정적 영향 – 을 미치는지를 알기 위해 4점 만점 척도를 부여해 평가한다. 예를 들어, 어떤 정책이 형평성equity 지표에 미치는 영향을 알아보기 위해 심사 도구는 다음과 같은 기준으로 점수를 부여한다.

1점: 소득 분배의 형평성에 부정적인 영향을 미칠 것이다.

2점: 소득 분배의 형평성에 대한 영향을 알 수 없다.

3점: 소득 분배의 형평성에 부정적인 영향을 미치지 않을 것이다.

4점: 소득 분배의 형평성에 긍정적인 영향을 미칠 것이다.


모든 지표의 평균점이 3점을 넘어야 정책 심사를 통과할 수 있다. 비록 평균점이 3점을 넘었다고 하더라도 일부 지표가 아주 낮은 점수를 받았다면 해당 지표에 대한 '추가적 고려'를 요청한다. 심사는 해당 부처와 국민총행복위원회에서 각각 시행하는데, 여기에는 정부 관료뿐 아니라 시민사회 등 다양한 분야의 전문가들이 최소 10~15명 이상 참여한다.

이와 관련해 부탄의 재생 에너지 발전 정책의 심사 과정을 예로 들어보자. 이 정책은 생태적 다양성 및 복원력 영역의 모든 지표와 심사 도구의 지표인 경제적 안전·물질적 웰빙·기술과 학습, 공공 건강 등에서 높은 점수를 받았다. 결국 평균 3점을 넘어 ― 경제 부처에서 3.3점, 국민총행복위원회에서 3.2점 ― 정책 심사 도구를 통과했다. 하지만 형평성·반부패·사법적 접근·성 평등·스트레스 등의 지표에 대해서는 개선, 즉 '추가적 고려'가 요구되었다. 부탄 정부는 이런 식으로 자신들의 정책 및 프로젝트가 국민의 행복에 실질적으로 어떤 영향을 미치는지를 거듭 검증하며 사업을 추진한다.

**표 4_ 심사 도구에 활용되는 GNH 영역별 지표**

| 순번 | 지표 | 해당 영역 |
|---|---|---|
| 1 | 형평성 | 생활수준 |
| 2 | 경제적 안전 | |
| 3 | 물질적 웰빙 | |
| 4 | 생산적 활동 참여 | |
| 5 | 의사결정 기회 | 굿 거버넌스 |
| 6 | 반부패 | |
| 7 | 사법적 접근 | |
| 8 | 개인의 권리 | |
| 9 | 성 평등 | |
| 10 | 투명성 | |
| 11 | 기술과 학습 | 교육 |
| 12 | 공공 건강 | 건강 |
| 13 | 물과 공기 오염 | 생태적 다양성 및 복원력 |
| 14 | 토양 파괴 | |
| 15 | 생물 다양성 건강 | |
| 16 | 사회적 지원 | 공동체 활력 |
| 17 | 가족 | |
| 18 | 여가 | 시간 사용 |
| 19 | 문화 | 문화적 다양성 및 복원력 |
| 20 | 가치 | |
| 21 | 정신적 추구 | 심리적 웰빙 |
| 22 | 스트레스 | |

_____

# 부탄의
# 오늘

# 국왕도 정년이 있는
# 입헌군주국

부탄에 사람이 살기 시작한 것은 기원전 2000년경부터로 알려져 있지만 그 시대의 기록은 거의 남아 있지 않다. 불교가 처음 부탄에 소개된 것은 7세기경으로, 티베트 왕 송찬 감포Songtsan Gampo가 티베트 제국을 시킴Sikim과 부탄으로 확장하고, 부탄의 붐탕Bumthang과 파로 지역에 두 개의 사원을 건축한 이후이다. 부탄은 17세기 초 티베트의 라마이자 군사지도자인 나왕 남걀Ngawang Namgyal에 의해 통일되었다. 남걀은 티베트의 간헐적인 침공을 막기 위해 종교와 행정의 중심인 '종dzong'을 전국에 건설하고 지역 영주를 중앙에 복속시키는 법령을 공표했다. 이때 설치된 종은 현재에 이르러 각 종카그의 행정부와 중심 사찰이 있는 공간을 뜻하게 되었다. 1651년 남걀이 사망했으나 54년간 비밀에 부쳐졌고, 그것이 공표된 후 부탄은 내전이 시작되었다. 1870년대에 파로와 통사Tongsa 지역의 두 맹주가 싸워 통사의 영주penlop 유겐 왕추크Ugyen Wangchuck가 승리해 1907년 중앙집권적 통일 왕국을 수립했다.

영국 정부는 즉각 부탄에 세워진 새로운 군주국을 인정하고, 1910년 부탄과 푸나카Punaka 협정을 체결했다. 이 협정으로 영국은 부탄의 외교권을 자신의 통제 아래 뒀으며 부탄을 인도의 제후국으로 취급하는 등 종속적 동맹 관계를 맺었다. 그러나 오랜 시간 영향을 주고받은 부탄과 티베트의 역사적 관계는 영국의 압력에도 불구하고 여전했다. 20세기 초 부탄은 영국제국과 함께 티베트와도 긴밀한 외교 관계를 유지하고 있었다.

1926년 초대 왕 유겐 왕추크가 65세로 사망하자 그의 아들 지그메 왕추크Jigme Wangchuck가 24세에 나이로 왕위에 올랐다. 그는 부탄을 강력한 중앙집권적 국가로 만들었고, 사회간접자본을 건설하기 시작했다. 그리고 1947년 8월 인도가 영국으로부터 독립하자 인도의 독립을 최초로 인정하고 우호협정을 체결하는 등 최초로 독립적 외교 관계를 수립했다. 2대 왕 지그메가 1952년에 50세에 죽자 그의 아들 지그메 도르지 왕추크Jigme Dorji Wangchuck가 23세에 3대 왕에 올랐다. 영국과 인도에서 공부한 그는 정치개혁과 법률개혁을 단행하고 부탄을 외부 세계에 개방했다. 그는 1953년 민주적 통치 형태를 갖추기 위해 130명으로 구성된 단원제 의회를 설립했다. 1965년에는 왕실자문위원회를 설치하고 1968년에는 내각을 구성했다. 부탄의 법을 근대화하고 1971

년에는 유엔에 가입했다. 그는 부탄 근대화의 아버지로 칭송받고 있다.

1972년 3대 왕이 43세가 되던 해에 갑자기 사망하자, 그의 아들 지그메 싱기에 왕추크가 불과 17세에 4대 왕에 올랐다. 그는 아버지와 마찬가지로 영국과 인도에서 공부했고 초대 왕 유겐 왕추크를 기념하기 위해 1970년 설립한 유겐 왕추크 아카데미에서 수학했다. GNH를 국정철학으로 확립한 그는 국왕이자 5개년 발전계획의 위원장으로서 부탄의 발전을 주도했다. 또 부탄 헌법의 초안을 마련하고 스스로 왕위에 물러나 민주화의 기틀을 마련했다. 이처럼 수많은 공적을 세운 4대 왕 지그메 싱기에 왕추크는 계몽군주로서 부탄 국민들의 사랑을 받고 있다. 그러나 부탄 남부의 네팔계 부탄 사람들에게 부탄 전통 복장과 문화를 강요하고 부탄 법을 강제하는 등 1990년대 많은 피난민을 양산해 인권을 탄압한 독재자라는 비판도 받고 있다.

2006년 부왕으로부터 왕위를 물려받은 지그메 케사르 남기엘 왕추크Jigme Khesar Namgyel Wangchuck가 부탄의 5대 왕에 올랐다. 그는 부왕의 뜻을 이어받아 2008년 민주헌법을 선포하고 최초로 민주적 선거를 실시했다. 이로써 부탄은 절대군주국에서 의원내각제에 기초한 입헌군주국으로 전환했다. 부탄은 2013년에 실시된 두 번째 총선거를 통해 여야 정권 교체를 실현한 것에서 알 수 있듯이 빠르게 민주국가로 발전하고 있다.

그런데 내가 예전에 《녹색평론》에 실은 글을 보고 독자 한

**표 5_ 부탄의 역대 왕**

| 왕위 | 이름 | 재임기간 |
|------|------|----------|
| 초대 왕 | 유겐 왕추크 | 1907~1926 |
| 2대 왕 | 지그메 왕추크 | 1926~1952 |
| 3대 왕 | 지그메 도르지 왕추크 | 1952~1972 |
| 4대 왕 | 지그메 싱기에 왕추크 | 1972~2006 |
| 5대 왕 | 지그메 케사르 남기엘 왕추크 | 2006~현재 |

분께서 다음과 같은 질문을 보내왔다. "지도자의 선의에 기대어
이뤄진 민주주의가 얼마나 힘이 있을까? 얼마나 그 뿌리가 단단
하다고 믿을 수 있을까?" 당연한 질문이다. 입헌군주국 부탄에서
헌법에 명시된 국왕의 권한은 막강하다. 국가 원수이며, 부탄 왕
국과 인민의 상징이며, 정치와 종교의 통일체이며, 군의 통수권자
이다. 왕의 행위는 신성불가침의 영역으로 법적 다툼의 대상이
되지 않는다. 다만, 헌법을 수호하고 준수할 의무를 다하지 못할
때는 왕위에서 탄핵될 수 있다. 왕은 법이 정한 추천 절차를 거쳐
헌법기관인 대법원, 감사원, 인사위원회, 반부패위원회, 선거관리
위원회 등의 장과 위원을 임명할 권한이 있다. 군사령관, 지방 정
부의 장(종다, 한국의 도지사에 해당), 대검찰관, 중앙은행장, 내각
의 차관 등도 모두 국왕이 임명할 수 있다. 의원의 입법안에 대해
선 거부권을 행사할 수 있으며, 부탄의 최고 종교지도자인 제 켄
포Je-Khenpo를 임명한다. 그러나 현실에서 왕은 이런 권력을 자의
적으로 행사하지 않고 추천과 자문을 존중하기 때문에 마찰은 생

기지 않는다.

부탄 인사위원회 위원장 치팀에게 어떤 절차를 거쳐 임명되었는지 물었다. 인사위원회는 부탄의 5대 헌법기관 중 하나인데, 헌법기관의 장은 총리·상원의장·하원 대변인·대법원장·야당 대표 등 5인이 모여 후보자를 추천하면 그중에서 왕이 임명한다. 그렇다면 추천한 자가 왕의 마음에 들지 않으면 어떻게 될까?

"그런 일은 없다. 왕은 추천을 존중하기 때문이다." "추천을 하기 전에 사전에 왕과 조율을 하나?" "그렇지 않다. 민주주의 발전을 위해 왕은 헌법이 정한 추천 절차를 매우 존중한다." 헌법에서 왕은 의회의 결정에 대해 거부권을 행사할 수 있지만 그렇게 하지 않는다. 통치는 총리를 비롯한 내각과 헌법기관에 맡기고 있다. 왕은 군림하지만 직접 통치하지 않는다. 이것이 부탄의 통치 시스템이다. 부탄의 국왕은 헌법에 의해 65세 정년이 되면 왕위를 반드시 후계자에게 양위해야 한다.

마지막으로 부탄의 국왕과 의회의 관계를 알 수 있는 일화 한 토막을 소개한다. 부탄 의회는 왕과 상·하원으로 구성된다, 매년 부탄 국회 National Assembly는 업무의 종료와 시작을 알리는 개·폐막식을 개최하는데 왕도 이 행사에 참석한다. 나는 부탄에 머무는 동안 2014~2015 회계연도(부탄의 회계연도는 매년 7월 1일부터 이듬해 6월 30일까지다)의 국회 폐막식에 외교사절(?)의 일원으로 초청되었다.

폐막식을 알리는 부탄 전통 나팔소리가 은은히 울리는 가운데 왕이 위쪽 문을 통해 조용히 등장한다. 먼저 내각을 대표해 노동

부탄 국회의사당.

부 장관이 약 20분에 걸쳐 지난 1년간 내각이 한 일을 소개한다. 그리고 이 모든 것이 지혜로운 왕이 잘 이끌어주신 결과라고 칭송하고, 마지막으로 왕의 건강과 왕국의 번영을 기원하는 말로 인사를 마친다. 다음으로 여당 대표, 야당 대표가 차례로 거의 같은 내용으로 축사를 각 10분간 낭독한다. 마지막 차례로 국회의장이 지난 1년간 국회가 한 일을 소개하고 이 또한 왕의 훌륭한 지도에 따른 것이었음을 칭송한다. 이렇게 1시간 정도 왕에 대한 칭송이 끝나자, 모든 의원이 왕 앞으로 나가 가벼운 종이 문서를 들고 전원이 함께 읽는다. 문서에는 왕국의 안녕과 백성의 행복을 기원하는 내용이 담겨 있는데 왕도 함께 읽으며 기도한다.

1시간 가까이 이어진 왕에 대한 지루한 헌사가 끝나고 승려가 달(여러 축복을 상징하는 하얀 긴 스카프)을 왕에게 바친 뒤 뒷걸음으로 물러난다. 왕은 달에 잠시 머리를 숙이고 기도한다. 자, 이제는 왕께서 한 말씀을 할 차례. 그러나 내 기대를 저버리고 모든 의식이 끝나자 왕은 말없이 자리를 떠난다. 이렇게 폐막식은 끝났다.

# 국민의 행복을 위해
# 왕위에서 스스로 물러나다

권력은 부자끼리도 나눌 수 없다. 텔레비전 사극의 단골 주제인 이성계와 이방원, 선조와 광해군, 인조와 소현세자, 영조와 사도세자의 갈등이 좋은 예다. 조선시대의 왕위는 적장자 계승의 원칙을 따랐다. 그럼에도 불구하고, 1392년부터 1910년까지 518년간 스물일곱 명의 왕 가운데 정통성에 문제가 없었던 왕은 열 명뿐이었다. 1907년 통일왕국을 세운 후 초대 왕부터 현재 왕에 이르기까지 부탄에서는 왕위 계승과 관련해 아무런 갈등도 벌어지지 않았다. 그중에서도 가장 드라마틱한 역사는 4대 왕에서 5대 왕으로 왕권이 넘어갔던 순간이다.

부탄의 4대 왕 지그메 싱기에 왕추크는 1972년 왕위를 물려받았다. 17세 어린 나이였다. 3대 왕은 의회제도 도입, 교육 및 의료 근대화 등 진보적인 정책을 시행해 부탄 근대화의 초석을 닦았다.

4대 왕은 아버지의 진보 정치를 계승했을 뿐 아니라, 민주주의에 대한 강한 신념을 갖고 있었다. 그는 '한 사람이 나라의 운명을 결정하는 것은 매우 위험한 일로, 지도자를 뽑는 것은 인민이 자신들의 힘으로 결정하는 것이 옳다'는 신념으로 절대군주제를 입헌군주제로 전환하는 부탄의 헌법 초안을 마련했다. 4대 왕은 자신이 왕위에서 물러나지 않고 머무는 것이 민주화와 분권화의 원활한 이행에 장애가 된다고 판단해 2006년에 불과 51세라는 젊은 나이에 스스로 왕좌에서 물러났다. 당시 절대군주제에 익숙했던 부탄 국민들은 4대 왕의 선위와 절대군주제의 폐지에 맹렬하게 반대했으나 왕은 앞장서서 다음과 같이 백성들을 설득했다. "미래의 부탄 왕들이 모두 좋은 왕이 될 것이라는 보장은 없다. 좋은 왕도 있지만 그렇지 않은 왕도 있을 수 있다. 그런 왕이 내린 결단은 나라를 한순간에 붕괴시킬지도 모른다. 국가는 왕보다 중요하다."

왕위를 계승한 지금의 5대 왕은 아버지의 뜻을 받들어 2008년에 민주헌법을 제정해 선포했다. 이처럼 부탄은 세계사에서 처음으로 혁명이나 전쟁 없이 국왕 스스로의 결정에 의해 절대군주국에서 입헌군주국으로 전환한 나라가 되었다.

2015년은 4대 왕이 환갑을 맞이한 해이다. 전국에서 4대 왕의 환갑을 축하하는 행사가 다채롭게 열리고 있고, 온 나라에는 5대 왕과 더불어 4대 왕의 사진이 걸려 있다. 부탄 국민의 4대 왕에 대한 존경심은 엄청나다. 4대 왕은 왕비가 총 네 명이다. 부탄은 현재 일부일처제를 보편적인 결혼 제도로 삼고 있지만, 과거 일부다처제 혹은 일처다부제의 전통이 남아 있기 때문에 왕이 왕비를 네 명 두는 것에 대해 큰 반발은 없었다. 흥미로운 것은 왕비 네 명이 모두 자매이고 같은 날 동시에 결혼했다는 점이다. 그 때문에 왕비들 사이에는 서열이 없다. 모두 정식 왕비다. 4대 왕은 네 부인으로부터 왕자 다섯 명과 공주 다섯 명을 얻었는데, 셋째 왕비가 가장 먼저 아들을 얻어 그녀의 아들이 5대 왕이 되었다. 참고로 4대 왕은 원래 큰언니를 가장 사랑해서 큰언니와만 결혼을 하려고 했는데, 부탄의 최고 라마승이 왕의 안위와 국가의 번영을 위해서는 네 명 모두와 결혼해야 한다고 조언을 해서 네 명 모두와 혼인했다고 한다. 국민들은 왕이 백성을 위해 희생(?)했다고 칭송한다. 그러면서 사람들은 왕이 첫날밤을 어떻게 보냈을까 수군거린다.

4대 왕이 백성들로부터 존경을 받는 것은 그가 부탄 민주화의 토대를 마련했기 때문만은 아니다. 그가 재위한 34년간 부탄은 사회적·경제적으로 비약적으로 발전해 인구 소국임에도 불구하고 국제사회의 일원으로 당당한 위상을 갖게 되었다. 4대 왕은 즉위식에서 '자립을 획득해 부탄의 주권과 독립을 지키는 것이 필요'하고, 발전을 위해서는 인민과 정부가 진정으로 협력해야 한다고 강조했다. 그는 식량자급과 소득 창출을 위해 집약적 계곡 프로젝트, 현금 작물 재배, 관개와 재정착 등 집중적인 농촌 개발 사업을 추진했다. 특히 그는 토지가 없는 농민과 소량의 토지를 가

5대 왕에게 왕위를 물려주는 4대 왕.

진 농민에게 왕실의 땅을 나눠주고, 거기서 더 나아가 가난한 농촌 주민들을 위한 재정착resettlement 프로그램을 실시했다. 그의 재위기간에 도로·교육·의료 서비스가 크게 확충되었고 전기가 거의 모든 가구에 공급되었다. 아이들의 취학률은 90%에 육박했으며 평균 수명도 66세로 크게 늘어났다. 그는 텔레비전과 인터넷을 허용하고 외국인에게 문호를 개방해 적극적으로 관광객을 유치하는 한편, 수력발전기술을 개발해 수출함으로써 경제발전에 필요한 외화를 조달했다. 그 결과 부탄의 GDP는 1985년부터 2006년 사이에 무려 15배 증가했다.

특히 4대 왕이 칭송을 받는 이유는 이와 같은 사회경제적 발전에 안주하지 않고, 그 성과가 국민행복에 실질적으로 기여하는지 주목했다는 점이다. 그는 "GDP보다 GNH가 더 중요하다"라는 유명한 말을 남기며 국가 정책의 모든 비전을 국민총행복에 뒀다. 그는 국민행복을 위한 문화와 환경의 중요성을 인식하고 '한 나라의 정체성은 국부나 군사력이 아니라 독자적인 문화를 갖는 것'이라고 강조해 전통문화를 유지·발전하는 정책들을 실시했다. 이와 동시에 환경보전을 위한 여러 정책을 도입했으며, 5차 5개년 발전계획(1981~1986년)부터는 분권화를 강조해 모든 종카그에 종다를 임명하고 그들에게 각 지역의 재정운영과 발전계획의 조정권을 부여했다.

# 백성을 만나기 위해
# 14시간 비를 맞고 걸어오다

 5대 왕 지그메 케사르 남기엘 왕추크는 2006년 26세에 왕위에 올랐다. 현재까지 5대 왕은 선왕이 초석을 마련한 국민총행복정책을 잘 계승·발전시키고 있다. 그는 아직 특별한 업적은 없으나 검소한 생활과 서민적 행보로 백성들의 사랑을 받고 있다. 5대 왕은 2011년 31세라는 어린 나이에 열 살 아래인 평민 출신 여성과 결혼했다. 결혼식은 전통 예법으로 거행되었으며 국왕의 결정에 따라 나라 살림을 고려해 검소하게 준비되었다. 외빈을 초청하지 않고 간소하게 식을 올리려 했으나 외국인 기자 160여 명이 취재 경쟁을 벌일 정도로 세계의 이목을 끌었다. 당시 왕비 제선 페마 Jetsun Pema는 21세였는데 영국의 리젠트Regent 대학에 유학 중이던 학생이었다. 부탄의 왕과 평민 출신 여학생의 러브 스토리가 사람들의 흥미를 더했다. 왕과 왕비는 고등학교의 선후배 사이인데 그들이 처음 만난 것은 왕이 열일곱 살, 왕비가 일곱 살 때 가족 나들이에서였다. 왕비의 아버지는 부탄 항공의 파일럿으로 평민 이었지만, 왕비의 할아버지는 동쪽 타시강Trashigang 지역의 영주였고 어머니의 할아버지는 2대 왕의 부인과 배다른 형제였기 때문에 왕족과 교류가 있었다. 당시 17세였던 왕자는 무릎을 꿇고 "내가 성인이 되었을 때 결혼을 하지 않았다면, 그리고 네가 미혼이라면 나는 너와 결혼하겠다"라고 고백했다고 한다.

부탄 왕이 백성들로부터 사랑받고 존경받는 이유 중 하나는 생활이 검소하고 대중과 같은 눈높이에서 소통하기 때문이다. 부탄의 왕실은 다른 나라의 왕실과 달리 왕실 소유 재산이 거의 없다. 따라서 그들 ─ 선왕과 현왕 그리고 부인들과 합법적인 자녀들 ─ 은 헌법이 정한 연금을 받아 살기 때문에 생활에 여유가 없다. 그나마 4대 왕은 왕비 네 명의 아버지가 재력가여서 왕비들이 비영리 공익 재단들을 설립하는 등 백성들에게 봉사할 정도의 재력이 있었다. 그러나 5대 왕은 자신을 포함해 처가도 재산이 많지 않았기 때문에 매우 검소한 생활을 할 수밖에 없었다. 실제로 부탄 왕들의 생활은 매우 소박하고 단출하다.

5대 왕이 왕비와 함께 거처하는 왕궁은 부탄의 정부종합청사 옆에 있는 아주 작은 건물이다. 원래는 4대 왕이 집무 중 잠시 쉬는 곳으로 사용하던 곳이다. 밖에서도 사진 촬영이 되지 않고 안에 들어가 본 적도 없으나, 바깥에서 보기에도 장관들의 사택보다 훨씬 크기가 작다는 것을 알 수 있다. 정부종합청사 안에 있는 왕

5대 왕과 왕비.

의 집무실은 작은 방 안에 책상만 덩그러니 놓여 있고 옆에 조그만 접견실만 있는 정도로 장관 집무실보다도 훨씬 좁다고 한다. 실제로 내가 부탄의 동쪽을 여행하면서 잠시 머물렀던 로열게스트하우스 — 왕과 왕비가 지방 순시할 때 사용하는 숙소 — 는 상상을 초월할 만큼 소박했다. 왕의 처소로는 믿어지지 않아 몇 번이나 관리인에게 정말 왕이 와서 자느냐고 물었다. 멀지 않은 곳에 고급 호텔이 있음에도 불구하고 왕과 왕비는 이곳 로열게스트하우스에서 잠을 잔다.

부탄 왕은 백성들과 꾸준히 소통하기 위해 1년 중 몇 차례 지방을 순시한다. 그러나 이것이 보통 고된 일이 아니다. 2015년 5월 왕은 동쪽 끝 해발고도 3500m인 메락Merak을 방문했다. 수도 팀푸에서 메락이 속한 타시강 종카그까지 거리는 약 600km. 자동차로 험난한 산악도로를 적어도 이틀은 쉬지 않고 달려야 갈 수 있다. 메락은 타시강에서 농도로 1시간가량 차를 타고 가서 3시간 걸어야만 갈 수 있는 곳이다. 메락에서 이틀을 지낸 왕은 삭텡Sakteng을 갔다. 메락에서 삭텡까지는 찻길이 없어 걸어서 8시간을 가야 한다. 때마침 비가 와서 왕과 왕비가 무려 14시간을 걸으며 산골을 방문했는데 그 모습이 텔레비전을 통해 방영되었다. 메락에는 213세대에 1908명, 삭텡에는 330세대에 2126명이 살고 있었다. 왕은 학교를 방문해 아이들에게 선물을 주고 배움을 격려했다. 마을 주민들에게는 교육의 중요성을 연설하기도 했다. 그리고 민가를 방문해 담소를 나눴다. 의료진을 데리고 가 건강검진을 해주고 필요한 주민들에겐 간단한 수술도 해줬다. 20시간 이상 험한 찻길을 달려와 14시간 비를 맞으며 자갈밭을 걸어 자신들을 만나러 온 왕과 왕비에 대해 마을 주민들은 두말할 나위 없고 그것을 지켜본 온 국민이 어찌 존경하지 않을 수 있겠는가.

# 부탄 왕비의 처소를 공개합니다

## 작고 소박한 로열게스트하우스

부탄은 입헌군주국이지만, 여전히 왕이 통치하고 있다. 부탄 사람들은 왕을 매우 존경한다. 그 이유 중 하나는 왕이 매우 겸손하고 검소한 생활을 하기 때문이다. 부탄의 수도 팀푸의 정부종합청사 앞에는 왕궁이 있다. 그런데 왕이 거처한다고 하기에는 너무 초라하다. 그래서 나는 늘 이런 생각을 했다. '정말 저 곳에 왕이 살고 있을까?' '다른 곳에 더 큰 왕궁이 있지 않을까?' 팀푸 시내에서 약 7km 떨어진 곳에 1953년에 3대 왕이 건립한 데첸촐링 왕궁Dechencholing Palace이 있다. 데첸촐링 왕궁은 3층 건물로 잔디밭과 연못 등을 갖춘 부탄의 전통 건물이다. 여기에는 3대 왕의 어머니가 살았는데, 돌아가신 후 지금은 왕족을 위한 거주지보다는 주로 외교사절을 맞이할 때 사용한다. 특히 인도 외교관이 오면 이곳에서 머문다. 국가에 중요한 행사가 있으면 오찬이나 연회장으로도 사용한다. 왕은 더 이상 여기에 살지 않고 작은 왕궁Royal Cottage에 거주한다. 재미난 것은 4대 왕은 특

타시앙체 로열게스트하우스 외관.

별한 직책 없이 자전거 여행을 즐기면서 네 명의 부인과 떨어져 작은 집에서 거처하고, 네 명의 왕비는 부탄의 주요 공익재단의 대표로서 왕성하게 활동하면서 하나의 영지 내에 있는 각자의 저택(?)에 거주하고 있다는 사실이다.

나는 부탄의 동쪽을 여행하면서 타시양체 Trashiangche 종카그와 타시강 종카그에 있는 로열게스트하우스에서 묵을 기회가 있었다. 보통은 장관들도 잘 재워주지 않는다고 하는데, 어찌 된 일인지 허락을 해줬다. 아마도 인사위원회 위원장인 치팀의 특별한 배려 덕이었을 게다.

그런데 로열게스트하우스가 너무 초라하다. 평범한 호텔보다도 못하다. 당시 내가 머물렀던 타시양체와 타시강 두 곳의 로열게스트하우스의 왕비의 처소를 공개한다. 로열게스트하우스에는 왕과 왕비가 머무는 방이 따로 있고, 왕이 간단한 회의를 주재할 수 있는 응접실이 딸려 있는 것이 전부다. 음식을 하는 식당은 별채에 따로 있다. 타시양체의 로열게스트하우스는 지은 지 오래되어 방에 나무 난로가 놓여 있다. 텔레비전도 없다. 그래도 목욕탕은 있다. 그나마 타시강에 있는 로열게스트하우스의 왕비 방은 새로 단장을 해서 좀 나은 편이다. 방도 넓고 욕실은 깨끗하다. 두 곳 모두 여성용이라 화장대가 있는 게 인상적이었다.

그래도 일국의 왕비 방 치고는 너무 검소하다. 너무 검소해 믿어지지 않아 관리인에게 물었다. 정말 왕이 와서 자나요? 그렇단다. 부탄 왕은 백성과 소통하기 위해 20개 종카그를 1년에 한두 차례 방문하는데 그때마다 반드시 이곳에서 잔단다. 근처에 훨씬 좋은 호텔이 있지만 여기서 머문다. 타시강에는 최근 관광 붐을 타고 고급 호텔들이 들어서고 있다. 타시강을 한

타시양체 로열게스트하우스에 마련된 왕비 침대.

눈에 내려다볼 수 있는 전망 좋은 곳에 위치한 고급 리조트에 가본 적이 있다. 방이 23개라고 하는데 세금과 봉사요금을 포함해 표준 디럭스룸이 약 3800눌트룸(약 7만 원), 스위트룸이 5400눌트룸(약 8만 7000원)이었다. 상당히 비싸다. 스위트룸은 30평은 족히 될 정도로 넓었다. 장관이나 총리급이 오면 이곳에 머문다고 한다. 하지만 왕은 아니다.

몽가르Mongar 종카그에서도 로열게스트하우스에서 묵었다. 이번에는 왕과 왕비가 머무는 숙소에 붙어 있는 별채의 게스트하우스였다. 공무원들이 지방 출장을 올 때 사용하는 곳이고 일반인도 빈 방이 있으면 하루 500눌트룸에 빌려준다. 새로 지어 방이 넓고 깨끗한 편으로 오히려 호텔보다 낫다고 생각했다. 그러나 방문이 잘 닫히지 않는 등 부실 공사의 흔적이 역력하다. 가이드는 공사하는 놈들이 돈을 빼먹어서 그렇다고 욕을 했다. 부탄은 공무원들의 부패가 심한 편은 아니다. 반부패위원회가 설립된 이후엔 더 줄고 있다. 그럼에도 건설공사 현장에서는 여전히 비리가 끊이질 않고 있다. 부탄의 국왕은 그 책임을 몸소 지려는 것일까. 왕과 왕비는 언제나 그런 숙소에서 잠을 청한다.

# 가난한 사람에게
# 더 유리한 성장

체쿠 도르지Cheku Dorji는 왕실 직속 연구소의 통계팀장이다. 그에게 "부탄 사람은 가난하지만 행복한가?"라고 물었다. 그는 이렇게 대답했다. "Yes and No." 그는 이렇게 설명했다. "거의 모든 사람이 스스로 행복하다고 생각하긴 한다. 하지만 내 느낌으로는 가난한 사람들이 모두 행복하다고 말하기는 어렵다. 그들은 하루하루 살기에 급급하다. 하루 세끼 식사를 해결하기에도 벅차다. 어떻게 행복하다고 할 수 있겠나?"

군이 체쿠의 말을 빌리지 않더라도; 기초적 필요를 충족하지 못하면 행복을 느낄 여유가 없다. 국민총행복조사에 따르면 생활수준에서 여전히 많은 이가 충분문턱에 미달하고 있다. 특히 농촌 지역은 고된 노동과 낮은 생활수준으로 어려움이 많다. 따라서 빈곤문제를 해결하고 사람들의 생활을 일정 수준 이상으로 끌어울리는 일은 부탄에 매우 중요한 일이다. 이를 위해서는 물질적 경제 성장이 필요하다.

부탄은 1990년대 이후 빠른 성장을 하고 있다. GDP는 1970년 212달러, 1980년 312달러, 1990년 511달러, 2000년 778달러로 서서히 성장했고, 2000년대의 고도성장을 거쳐 2013년 2363달러가 되었다. 고도성장과 더불어 부탄은 빈곤 퇴치에서도 놀라운 성과를 달성했다. 1990년 부탄은 남아시아의 여러 나라들처럼 빈곤율이 50%가 넘는 최빈국이었다. 그러나 한 세대가 경과하기도 전인 2012년 부탄에서 극단적 빈곤은 거의 사라졌고, 빈곤율은 2003년 32%에서 10년 사이에 12% 수준으로 낮아졌다. 이는 과거 부탄과 비슷한 빈곤율을 보였던 남아시아의 다른 나라들이 여전히 30% 전후의 높은 빈곤율을 보이는 것과는 대조적이다.

그러나 부탄의 빈곤율 12%는 아직도 높은 수준이다. 농촌(16.7%)과 도시(1.8%)의 격차도 매우 크다. 빈곤선을 기준으로 할 때 빈곤인구의 약 97%가 농촌에 살고 있다. 문제는 빈곤선이 도시, 농촌 구분 없이 설정되어 있고 그 기준이 매우 낮다는 것이다. 부탄의 빈곤선은 세계은행이 정한 빈곤선인 구매력 평가 기준 하루 소득 1.25달러보다는 높고 2.5달러보다는 낮은 수준이다. 빈곤선 기준인 1705눌트룸(약 3만 1000원)으로 한 달을 살아간다는 것은 부탄에서도 매우 어려운 일이다. 아무리 교육과 의료가 무상이라고 해도 말이다.

도시의 빈곤율은 1.8%(2012년)에 지나지 않지만 사실 도시에서

**표 6_ 부탄의 빈곤선 및 빈곤율 추이**

| 연도 | | 2003 | 2007 | 2012 |
|---|---|---|---|---|
| 빈곤선(눌트룸/월) | | 740 | 1097 | 1705 |
| 식품 빈곤선(눌트룸/월) | | 404 | 689 | 1155 |
| 빈곤율<br>(%) | 전체 | 31.7 | 23.2 | 12 |
| | 농촌 | 38.3 | 30.9 | 16.7 |
| | 도시 | 4.2 | 1.7 | 1.8 |
| 지니계수 | | 0.416 | 0.35 | 0.36 |

자료: Gross National Happiness Commission, *Eleventh Five Year Document*(2013), p.55.

한 달에 1705눌트룸으로 생활한다는 것은 거의 불가능하다. 실제 부탄의 최저임금은 하루 125눌트룸인데 이것조차 비현실적이다. 이 임금으로는 사람을 고용할 수 없다. 도로공사 인부도 하루 200~300눌트룸은 줘야 하고, 도시에서 집수리를 하려면 하루 400~500눌트룸은 줘야 한다. 빈곤선이 너무 낮고 그것을 올려야 한다는 지적에 대해 부탄 관리들은 동의한다. 실제 부탄의 빈곤선은 '표 6'에서 보듯이 빠르게 상승하고 있다. 참고로, 부탄의 빈곤선은 소득 하위 계층 40%의 사람들이 80% 이상 소비하는 생활 물자의 값을 기준으로 해서 결정된다.

부탄 정부는 빈곤선(소득기준)으로 빈곤인구를 측정하는 한편, 생활수준만으로 빈곤을 측정하는 것은 한계가 있다고 보고 생활 수준과 건강 그리고 교육을 동등한 비중으로 평가하는 다차원 빈 곤지수multidimensional poverty index: MPI를 병행해서 사용한다. 부탄의

10차 5개년 발전계획은 바로 이 MPI 기준 빈곤율을 낮추는 것이 중점 과제이다. 2012년 기준 MPI 기준 빈곤인구는 12.7%로 소득기준(12%)과 별 차이가 없다. 그러나 소득기준과 MPI 기준 빈곤인구가 일치하는 것은 아니다. MPI는 역량박탈capability deprivation 개념에 기초하고 있다. 실제로 빈곤선 이하 사람 가운데 MPI 기준으로 빈곤한 사람은 30% 정도에 지나지 않는다. 소득기준으로는 빈곤하지만 MPI 기준으로는 빈곤하지 않다는 것은 그들의 교육수준이나 건강상태가 상대적으로 높다는 것을 의미한다. 이는 그들이 빈곤상태에서 벗어날 가능성이 있음을 보여준다. 반면에 소득기준으로는 빈곤하지 않은 사람 가운데 약 11%는 MPI 기준으로 빈곤하다.

다차원 빈곤지수는 지역별·성별·학력별로 커다란 차이를 보인다. 우선 지역별로는 도시 지역의 1.3%에 비해 농촌지역은 17.8%로 매우 높다. 성별로는 남성 12.2%에 비해 여성 13.9%로 약간 높다. 학력별로는 문맹층의 빈곤지수(18.7%)가 문해층(6.2%)에 비해 3배나 높다. 한편 소비기준 빈곤율과 MPI 사이의 격차가 지역에 따라 매우 다르다. 예를 들면, 서북부에 위치한 가사 지역은 동충하초 판매 소득이 높아 소득기준 빈곤율은 0%인 반면에, 주민들이 교육을 제대로 받지 못해 MPI 기준 빈곤인구는 36%에 달한다. 반면에 동북부의 룬체 지역은 소득기준 빈곤율은 32%로 매우 높지만 교육 수준이 높아 MPI 기준으로는 10%로 상대적으로 낮다. 수도 팀푸의 빈곤율은 MPI 기준 1.6%, 소득기준 0.5%

표 7_ 소득기준 및 다차원 빈곤지수에 따른 빈곤율(2012)

| 소득기준 | 다차원 빈곤지수(MPI) 기준 | | |
|---|---|---|---|
| | 빈곤율(%) | 비빈곤율(%) | 합계(%) |
| 빈곤율 | 3.2 | 8.8 | 12.0 |
| 비빈곤율 | 9.5 | 78.5 | 88.0 |
| 합계 | 12.7 | 87.3 | 100.0 |

자료: National Statistics Bureau, *Bhutan Multidimensional Povery Index 2012*(2014), p.17.

로 둘 다 매우 낮다. 따라서 수도 팀푸로 인구가 집중되는 것은
피할 길이 없다.

부탄이 빈곤 퇴치에서 상당한 성과를 거둔 것은 성장이 빈곤층
에게 유리하게 작용했기 때문이다. 지난 경제 성장의 결과, 빈곤
율이 하락했을 뿐 아니라 모든 빈곤층에서 빈곤격차gap가 줄어들
었다. 성장의 과실은 전 소득계층이 향유했지만, 특히 하위 40%
소득계층의 소득 증대가 가장 빨랐다. 그 결과 부탄의 지니계수
는 2003년의 0.416에서 2012년에는 0.36으로 하락했다. 그러나
지니계수 0.36도 결코 낮은 수준이 아니며 2007~2012년 사이에
0.35에서 0.36으로 적지만 상승하고 있는 것에 주목할 필요가 있
다. 이는 2007~2012년에 가장 부유한 10분위 계층의 소득이 가장
빠르게 증가했기 때문이며, 이는 부탄에서 소득이 상층부로 집중
할 가능성이 나타나고 있음을 보여주는 것이다. 이런 통계 수치
는 주로 세계은행의 전문가들의 도움으로 작성되는데, 부탄연구
소의 우라 소장은 지니계수에 대해 의문을 표시한다. 실제로는

이렇게 높지 않을 것이라는 것이다. 부탄은 자급자족 부문 비율이 높고 시장경제가 아직 발달하지 않았기 때문에 세계은행의 생활수준 측정 방법론으로는 한계가 있을 수 있다는 것이다.

빈곤 감소는 크게 두 가지 요인에 기인했다. 도로·전기·통신·물·위생과 같은 인프라 개선이 한 가지고, 농촌 경제 진흥 프로그램 rural economy advance program과 재정착 프로그램rehabilitation 혹은 resettlement program과 같은 빈곤 감축 목표 프로그램targeted poverty reduction program이 두 번째 요인이다. 우선 도로의 확장은 부탄 농민들의 시장접근성을 크게 개선했다. 과거에 농촌 사람들은 자동차를 타기 위해 동네에서 며칠씩 걸어 나와야 했다. 그러나 지금은 1시간 이내에 대부분이 자동차 도로에 접근할 수 있고, 3시간 이내에 거의 모든 농촌 사람들이 자동차를 탈 수 있게 되었다.

전기와 이동전화의 보급도 농촌 생활을 크게 개선했다. 현재 부탄에서 전기와 이동전화는 거의 100% 보급되었고, 텔레비전의 보급으로 농촌 사람들의 생활이 외부와 연결되고 그들의 생활양식도 변화하고 있다. 동시에 식수량과 위생 상태가 개선되면서 사람들의 건강이 좋아졌다. 무상교육과 무상의료는 노동력의 질적 개선에 결정적으로 기여했다. 이는 다른 후진국에서는 찾아볼 수 없는 놀라운 변화다.

특히 부탄 정부는 매우 가난한 사람들만을 대상으로 한 특별한 빈곤 퇴치 정책을 실시하고 있다. 빈곤층 대상 정책에 대해 치팀은 다음과 같이 평가한다. "경제가 성장해서 낙수Trickle Down 효과에 의해 빈곤문제를 해결하려는 것은 마치 물을 채워 바다에 있는 모든 배를 떠오르게 하는 것만큼 오랜 시간이 걸린다. 빈곤층을 겨냥한 좀 더 적극적인 프로그램이 필요하다."

부탄 왕은 가난한 사람들을 보살필 의무가 있다. 부탄 사람들은 이를 키두Kidu라고 부른다. 토지가 없는 농민 혹은 토지가 적은 농민은 5ac 범위 내에서 왕에게 토지를 나눠줄 것을 청원할 수 있고 왕은 이에 응해야 한다. 왕은 사회적·경제적으로 어려운 가정을 대상으로 학생들에게 연간 일정 금액의 장학금을 지급해야 한다. 돌보는 사람이 없는 노인들이 절에 가서 기도하고 최소한의 생계를 유지할 수 있도록 생활비를 지급해야 한다.

왕의 키두 이외에 부탄 정부는 농촌의 빈곤층만을 대상으로 한 정책을 실시한다. 그 가운데 가장 효과적인 것은 가난한 농촌 공동체를 대상으로 한 '재정착 프로그램'이다. 이는 외딴 오지에 살아서 사회적 서비스나 인프라에 접근하기 어려운 마을(커뮤니티)을 대상으로 한다. 그들이 원할 경우 정부는 해당 마을을 여건이 좀 더 나은 지역으로 이주시킨다. 이때 정부는 도로·학교·전기·보건소·수도 등 모든 인프라를 제공해야 하며, 경작에 필요한 토지를 비롯해 집을 짓는 데 필요한 건축자재와 목수·미장이 등 숙련노동자의 비용도 보조한다.

'농촌 경제 향상 프로그램'이라는 것도 시행한다. 가난한 농촌 주민의 생활수준 향상을 돕기 위해 주택시설을 개선하고 가금류를 사육하도록 교육·지원한다. 협동조합을 만들어 농산물 판매를 장려한다. 가난한 세대를 찾아서 주민들이 실제로 필요한 것 — 주거, 학교, 일자리, 식품 등 — 을 물어 직접 지원한다.

이 가운데 가장 중요한 것은 역시 토지 키두다. 부탄에서 토지는 모든 생계의 근간이기 때문이다. 하지만 국왕이 줄 수 있는 토지는 점차 줄어드는 반면 부탄의 인구는 계속 증가하고 있어서 정부는 현재 큰 난관에 봉착하고 있다. 부탄 전 국토의 7%에 해당하는 66만 4000ac가 경작 가능 토지인데, 이 가운데 약 50만ac가 사적으로 등기된 소유지이고 나머지 16만 4000ac가 왕실 소유지이다. 정부는 이 귀중한 토지를 가장 효율적으로 사용하기 위해 '토지 재사용land recycle 제도'를 도입하고 있다. 즉, 농민들에게 키두 토지를 지급할 때 '소유권'이 아니라 '이용권'을 주어 교환·저당·판매·증여를 할 수 없도록 조치하는 것이다. 해당 토지의 이용자가 이농 등으로 키두 토지를 경작할 수 없게 되면, 그것을 국가에 반환하도록 해 다른 사람이 그 토지를 이용하도록 조치한다.

# 서쪽에서 동쪽으로
# 개발이 진행 중

부탄이 외부세계에 알려지기 시작한 것은 그리 오래되지 않았다. 부탄은 히말라야 산속 은둔의 왕국 혹은 마지막 샹그릴라로 불리기도 했다. 부탄에 라디오가 처음 개통된 것이 1973년이고, 텔레비전과 인터넷을 통해 세상과 소통하기 시작한 것이 1999년이다. 부탄 국영 항공사인 드루크Druk 항공을 통해 외국인이 처음 들어온 해는 1983년이다. 그리고 1991년부터 본격적으로 관광을 자유화했다. 하지만 1992년에 입국한 외국인 관광객은 2850명에 지나지 않았고, 1999년까지 한 해 8000명을 넘지 못했다.

그렇다고 부탄이 잠자는 나라는 아니었다. 부탄은 지금 11차 5개년 발전계획이 진행 중이다. 이미 50년 전인 1962년에 1차 5개년 발전계획(1962~1967년)을 수립한 것이다. 그리고 1962년에 최초로 인도와의 국경도시인 푼초링Phuntsholing과 수도 팀푸 사이에 내셔널하이웨이(국도)가 건설되었다. 그리고 1974년에는 수도 팀푸와 동서남북의 주요 도시 간에 하이웨이가 건설되었다. 이 하이웨이들은 인도 정부의 자금과 기술에 의해 건설되었는데, 높은 산과 계곡을 통과하기 때문에 말만 '하이웨이'지 이 도로를 달리는 자동차들은 시속 30km 이상을 내지 못한다. 이처럼 부탄은 인도의 절대적인 원조에 힘입어 조금씩 발전하기 시작했지만, 좀 더 본격적인 개발은 부탄을 찾는 외국인 관광객이 급격히 늘어나는 2000년대 중반 이후에야 시작되었다. 2015년에는 외국인 관광객 약 6만 명 - 인도인을 포함하면 약 10만 명 - 이 부탄을 다녀갔다고 한다.

2011년 처음 찾은 수도 팀푸는 개발의 열기 속에서 어수선하기 짝이 없는 모습이었다. 2013년에도 여전히 팀푸는 개발 중이었다. 그러나 2년이 지난 2015년 5월의 팀푸는 빌딩, 아파트, 도로 등의 건설이 완료되어 제법 도시의 면모를 갖추고 있었다. 파로 국제공항과 팀푸 사이(65km)를 1시간이면 갈 수 있는 하이웨이도 건설되어 있었고, 세계적 수준의 5성급 호텔도 꽤 들어서 있었다. 피자, 햄버거, 스파게티 등 서양음식을 비롯해 태국, 중국, 한국 음식을 파는 식당도 생겨났다. 아직 다행인 것은 피자헛이나 맥도날도와 같은 글로벌 브랜드가 들어서지는 않았다는 점이다. 부탄은 심각한 교통체증에도 불구하고 아직 교통 신호등을 도입하지 않고 있다. 즉, 사람의 수신호로 교통체계를 유지하고 있는 것이다. 그러나 자동차가 내뿜는 매연, 도시의 쓰레기는 다른 개발

수신호로 교통정리를 하는 부탄 경찰.

도상국의 대도시를 닮아가고 있다.

그동안 부탄은 팀푸를 포함한 서쪽 지역을 중심으로 발전해왔다. 부탄을 여행하는 외국인들이 가는 곳은 거의 대부분 부탄의 서쪽 관광지 – 파로, 팀푸, 푸나카 등 – 로, 그나마 좀 더 멀리 가면 중부 중심지 붐탕까지 갔다 돌아간다. 부탄 사람조차 부탄의 동쪽 끝까지 가본 사람이 많지 않고, 부탄 동쪽 끝에 사는 사람 가운데 팀푸에 한 번도 못 가본 사람이 대부분이다. 도로 상태가 열악해 시간이 많이 걸리기 때문이다. 부탄의 동·서 교류는 원활하지 않다.

팀푸의 개발이 거의 끝나가는 가운데 부탄의 개발은 동쪽을 향하고 있다. 그래서 나는 부탄 동쪽 지방을 둘러보기로 했다. 2015년 5월 12일 아침 수도 팀푸를 떠나 5월 17일 부탄의 동쪽 끝 타시양체에 도착했다. 불과 600km에 지나지 않는 길을 엿새 만에 도착한 것이다. 무리하지 않고 쉬엄쉬엄 갔지만 그래도 엄청나게 오래 걸린 것이다. 쉬지 않고 달려도 20~30시간은 걸린다. 하루 10시간씩 운전한다면 이틀에서 사흘이 걸리는 거리다. 이 길을 부탄의 버스기사들은 보통 이틀 안에 간다고 한다. 버스는 팀푸를 아침 일찍 출발해서 붐탕에서 하루 머물고 다시 아침 일찍 붐탕을 출발해 저녁 늦게 타시강에 도착한다. 그러나 나와 같은 여행객에게는 사실상 불가능한 일정이다. 밑으로는 구만리 낭떠러지가 있는 울퉁불퉁한 도로를 만약 하루에 10시간이나 달린다면 내 몸은 그날로 끝장이 날 것이다. 또 그렇게까지 할 필요도 없다. 무슨 급한 용무가 있는 것도 아니니까.

소가 점령한 도로(위)와 정비가 끝난 도로(아래).

부탄의 표고는 남부 저지대에서는 해발 200m, 북쪽 산악지대에서는 최고 7400m까지 올라간다. 서쪽에서 동쪽으로 가는 길에도 사람들이 살고 있는데 그들은 대략 해발고도 2000~3000m 사이에서 살고 있다. 동네와 동네를 잇는 길은 당연히 산허리를 잘라서 낸다. 팀푸에서 타시강까지 가려면 3000~4000m의 고개를 네 개 이상 넘어야 한다. 산이 높고 계곡이 가파르기 때문에 산길을 오를 때는 낭떠러지를 옆에 끼고 지그재그로 된 수없이 많은 커브를 돌아야 한다. 내려올 때도 마찬가지다. 길을 가다보면 맞은편 계곡에 내가 가야 할 길이 보인다. 하지만 계곡이 깊어 다리를 놓아 건널 수도 없다. 오로지 계곡의 상류까지 가서야 수 미터에 지나지 않는 작은 다리를 건너 맞은편 길로 갈 수 있다. 따라서 길이 맞은편에 빤히 보이더라도 최소한 30분은 가야 도달할 수 있다.

붐탕을 출발해 통사까지 약 195km를 달리는 동안 맞은편에서 오는 차량은 거의 없다. 나는 농반진반으로 기사에게 통사에 도착할 때까지 차량 열 대도 못 볼 것 같다고 말했다. 실제로는 30여 대를 만났다. 차량이 거의 없으니 모든 차들은 울퉁불퉁한 도로를 최고 속도로 달린다. 바로 옆에는 까마득한 낭떠러지가 있다. 맞은편에서 갑자기 차량이 나타나면 키스라도 할 것처럼 아슬아슬한 곡예 운전을 한다. 이곳에선 차량 추락 사고가 심심치 않게 발생한다고 한다. 나는 자동차를 타면 잠을 잘 잔다. 그러나 부탄에서는 도저히 잘 수가 없다. 만약 내가 잠들어 기사가 졸기라도 하면 어쩔 것인가? 그렇지만 불경을 외우며 모든 것을 부처님에게 맡기다 보면 깜박 잠이 들기도 한다.

부탄의 동쪽으로 가는데 시간이 많이 걸리는 가장 큰 이유는 자동차가 시속 20~30km로 서행하기 때문이다. 조수석에 앉아 가끔 속도계를 보면 시속 40km를 넘는 경우가 거의 없다. 시속 10km 미만도 흔하다. 산길이라 커브가 심한 것이 주된 이유지만, 길이 좁고 도로포장이 망가진 곳이 많아 울퉁불퉁하기 때문이다. 게다가 부탄 정부가 하이웨이를 넓히기 위해 군데군데 공사를 하는데, 사전에 도로 차단을 예고하지만 시간을 맞추기 쉽지 않아 자칫 잘못하면 한없이 늦어진다. 하이웨이라고 해서 고속도로로 착각하면 안 된다. 부탄에서는 국도를 내셔널하이웨이national highway라고 말한다. 그리고 그 밑에 군도district road, 마을 도로feeder 혹은 farm road가 있다. 부탄에는 높은 산 위에 길도 없는 곳에 외딴집이나 작은 마을이 많이 있는데, 옛날에는 이곳에서 상점이 있는 동네까지 나오는 데 3~4일 정도 걸렸지만 지금은 하루면 된다고 한다. 2015년 통계를 보면, 부탄의 전체 세대 가운데 적어도 68.35%는 걸어서 1시간 이내에 자동차 도로에 접근할 수 있는 것으로 나온다. 반면에 6시간 이상 걸리는 세대의 비율도 8.45%나 된다. 여기에도 지역차가 매우 크다. 중부지방의 중심지이며 비교적 평야 지역인 붐탕 종카그에서는 98%의 세대가 자동차 도로까지 1시간이 걸리지 않아 도달할 수 있는 반면에, 서북쪽 산악지역에 위치한 가사 종카그에서는 전체 세대의 60%가 6시간 이상 걸려야 자동차 도로에 도달할 수 있다.

# 붐탕에서 시간이 멈추다

## 부탄에서 국내선 비행기 타기

부탄에는 국제선 공항이 한 개, 국내선 공항이 두 개 있다. 서쪽에 국제선을 겸한 파로 국제공항(부탄의 관문 역할)이 있고, 국내선 공항으로는 중부지방에 붐탕 공항, 남쪽 지역에 겔루프 공항, 동쪽 지역에 용푸라 공항을 건설했다. 이 가운데 겔루프 공항과 용푸라 공항은 활주로에 문제가 있어 지금은 이용하지 못하고 있다. 부탄은 산악 지형이라 비행장을 건설하기 매우 어려운 환경이다. 게다가 공항 건설은 매우 높은 비행기술을 필요로 한다. 처음 부탄 비행기를 탄 사람들은 계곡 사이를 곡예 운전하는 파일럿의 비행술에 감탄하곤 한다.

동부 지역을 여행하고 팀푸로 돌아오는 길에 붐탕에서 비행기를 타기로 했다. 약 270km밖에 안 되는 길을 도로공사로 인해 15시간이나 걸려 이동해야 했기 때문이다. 게다가 먼지, 덜컹거림, 낭떠러지, 산길 등 고생이 이만저만이 아니었다. 비행기라면 불과 30분이면 편안하게 돌아갈 수 있을 것이라 생각했다. 붐탕에서 비행기는 일주일에 세 번 운항한다. 마침 일정도 맞았다. 나는 190달러라는 거금을 투자하기로 하였다. 오전 10시 출발 시각에 맞춰 조금 일찍 공항에 나갔다. 9시에 간단한 짐 검사를 했다. 짐 검사는 엑스레이로 하는 게 아니라 육안으로 가방의 내용물을 확인하는 정도다. 체크인을 하고 기다리니 비행기가 1시간 연착된단다. 부탄에서는 흔히 있는 일이라 잠자코 기다리기로 했다. 붐탕 공항의 날씨가 좋지 않아 파로에서 9시 비행기가 출발을 못하고 있다는 안내 방송이 나왔다. 전날 밤에 내린 비, 자욱한 아침 안개 때문에 걱정을 하기는 했지만 그래도 큰 문제는 없을 줄 알았다. 활주로의 이상 여부를 살피기 위해 직원으로 보이는 사람세 명이 활주로로 걸어갔다.

10시가 조금 지나니 파로에서 비행기가 출발해 20분 후면 도착할 것이라는 안내 방송이 나왔다. 그런데 웬걸. 파로를 떠난 비행기는 붐탕이 아니라 네팔의 카트만두Kathmandu로 향했단다. 아니 이게 무슨 황당한 일인가. 사연은 이렇다. 부탄의 국영 항공사인 드루크 항공은 48인승 비행기로 파로에서 카트만두와 붐탕을 운항한다. 비행기의 노선은 이렇다. 아침 7시 카트만두를 떠나 8시 파로 도착. 다시 9시 파로에서 출발해 9시 30분 붐탕 도착. 10시에 붐탕 출발. 10시 30분에 파로 도착. 11시에 파로에서 카트만두로 출발. 비행기를 마치 시내버스처럼 운항한다. 직원에게 물어보니, 붐탕이 날씨가 나쁘니 일단 카트만두를 다녀와서 상황을 봐서 붐탕으로 온다고 한다. 그러니 오후 1시가 넘어야 운항 여부를 알 수 있다고 한다. 갑자기 시간이 정지되었다. 무조건 기다리는 수밖에 도리가 없다. 공항의 승객은 나를 포함해 모두 다섯 명이었다. 미국인 부부 두 사람, 붐탕의 고

파로 국제공항의 전경(위)과 붐탕 공항의 관제탑(아래).

위 관료 한 사람, 부탄의 도련님 한 사람. 오후 2시가 되자 안내 방송이 나온다. 비행기가 못 온단다.

12일간 나를 데리고 다닌 기사는 내가 성스러운 사찰 내부의 사진을 찍었기 때문에 석가모니의 화신인 구루 린포체가 화가 나서 날씨가 갑자기 나빠졌다고 농담 삼아 말했다. 나는 항공사에 항의하려다 그냥 포기하고 결항을 카르마(운명)라고 순순히 받아들였다. 다시 1박 2일 자동차 여행으로 팀푸에 돌아왔다. 다행히 토요일과 일요일이라 도로공사가 없어 오는 길은 가는 길에 비하면 훨씬 행복했다. 나중에 들은 이야기지만, 그날 결항이 된 이유는 날씨 때문이 아니라 붐탕 공항에 승객이 다섯 명밖에 없었고 파로에서 올 손님도 많지 않았기 때문이라고. 결국 수지가 안 맞아서 비행기가 안 온 것이었다. 부탄의 공항에선 그런 일이 종종 있단다.

# 사람과 자연을
# 중시하는 부탄의 관광정책

부탄은 세계적으로도 매우 독특한 관광정책을 표방하고 있다. "높은 가치, 낮은 영향High Value, Low Impact." 부탄 관광정책은 한마디로 지속 가능성의 원리에 기초하고 있다. 즉, 관광은 반드시 환경생태에 친화적이어야 하고, 사회문화적으로 수용 가능하고, 경제적으로 생존할 수 있어야 한다. 국가경제발전에 이바지하되, '높은 질과 가격'을 추구해 관광이 환경과 문화에 부정적인 영향을 미치는 것은 안 된다. 이는 부탄의 관광정책이 지향하는 바가 아니다. 부탄 정부는 자신들의 인프라 수준 등을 고려해 관리할 수 있는 수준에서 관광객 수를 실질적으로 통제하는 정책을 실시하고 있다.

부탄의 독특한 비자 시스템이 바로 그런 정책 중 하나다. 부탄을 여행하려면 하루 250달러(성수기) 혹은 200달러(비성수기)를 여행사를 통해 미리 납부해야 한다. 그래야 비자를 받을 수 있다. 여행사는 이 돈 가운데 65달러를 관광세로 정부에 내고, 나머지 돈으로 관광객의 숙식·교통·가이드 등 관광에 필요한 모든 비용을 지불한다. 정부는 관광세로 받아들인 돈을 무상교육과 무상의료 등의 재원으로 활용한다. 하루 200~250달러라는 금액은 모든 관광 비용을 포함한 것이기 때문에 반드시 높은 가격이라고 할 수는 없지만, 관광객 수를 제한하는 효과는 확실하다. 부탄에서는 우리나라나 여타 후진국에서 일반적으로 볼 수 있는 '싸구려 대중관광'은 찾아볼 수 없다. 관광객들은 매우 잘 훈련된 현지 가이드의 안내에 따라, 입국 전에 미리 허가 받은 관광코스를 탐방하기 때문에 부탄의 자연과 문화를 훼손하지 않으면서 관광을 즐길 수 있다. 부탄에 온 외국인들은 관광의 질에 대한 만족도도 매우 높다.

부탄이 경제발전을 위해 외국인에게 관광을 처음 허용한 것은 1974년으로, 이때 연간 관광객 수는 287명에 지나지 않았다. 1991년에 관광 산업이 민간 부문으로 이전하면서 부탄의 관광 산업은 활기를 띠기 시작했지만, 1990년대까지는 외국인 관광객이 많지 않았다. 1999년까지 8000명을 넘지 않았다. 그러나 2000년대 이후 부탄을 찾는 외국인이 급격히 늘었다. 지금도 그 추세는 여전하다. 2007년 외국인 관광객 2만 명을 넘어선 후, 3만 7479명 (2011년), 4만 4241명(2013년), 6만 8081명(2014년)으로 급증하고 있다. 하지만 이 수치는 '국제 관광객international tourist'만 헤아린 숫

부탄을 찾은 외국인들.

자다. 2014년 기준 남아시아지역협력체SARRC 가운데 인도·방글라데시·몰디브에서 들어오는 '지역 관광객regional tourist'은 6만 5399명이었다. 국제 관광객과 지역 관광객을 합쳐 2014년에 부탄을 찾은 외국인은 총 13만 3480명으로 부탄 인구의 약 18%에 해당한다. 엄청난 숫자다. 국제 관광객은 반드시 비자를 받아야 하지만, 부탄과 특수 관계를 맺고 있는 인도 등 지역관광객은 비자가 필요 없다. 이들 지역관광객은 자유롭게 숙박과 식사 등을 고를 수 있고 관광 일정을 조정할 수 있다.

외국인이 부탄을 찾는 목적은 무엇일까. 부탄 관광위원회의 조사에 따르면 2014년 외국인 관광객의 5분의 4 이상(86.3%)은 문화 관광을 위해 온다고 응답했다. 13.3%는 모험 ― 하이킹, 트레킹, 래프팅, 산악자전거 등 ― 을 하기 위해 부탄을 찾는다. 즉, 부탄의 풍부한 문화유산, 독특한 전통과 관습, 오염되지 않은 자연환경, 아름답고 웅장한 경관, 불교식 생활방식, 평화와 고요함tranquility, 부탄식 건축 등이 주된 방문 동기라고 할 수 있다. 그리고 국민총행복을 증진하는 부탄 정부의 정책 자체가 관광 상품이 되어 사람들을 끌어들이는 역할을 하기도 한다.

이런 문화 관광에서는 부탄의 독특한 건축 양식과 축제가 중요한 역할을 한다. 부탄 관광객이 거의 예외 없이 방문하는 곳은 파로의 탁상 사원Taktsang Monastery, 팀푸의 타시초종Tashichho Dzong과 푸나카종Punaka Dzong 이다. 왕두에포드랑의 포지카Phobjika 계곡에는 티베트 고원에서 날아온 검은 목 두루미Black-necked cranes를 보기 위해 10월 말에서 2월 중순까지 수많은 여행객이 방문한다.

파로의 탁상 사원은 히말라야 불교의 성지이자 가장 대표적인 관광지이다. 탁상 사원은 파로 계곡의 깎아지른 듯한 가파른 절벽 바위 위에 세워진 절이다. 탁상 사원의 높이는 무려 해발 3120m다. 이 절은 8세기에 부탄에 불교를 전한 것으로 알려진 파드마삼바바 대선사Guru Padmasambahva를 위해 1692년에 지은 사원이다. 이 절은 '호랑이둥지Tiger Nest'라고도 불리는데 파드마삼바바가 티베트에서 호랑이 등을 타고 여기에 와서 3년 3개월 3일 3시간 명상했다는 전설에 따른 것이다. 탁상 사원은 절이 세워진 위치의 특별함에 건축 양식의 독특한 아름다움이 더해져 무려 900m나 올라가는 동안에도 여행객들은 넋을 놓고 주변 경관을 바라보며 감탄을 터뜨린다.

팀푸는 부탄의 수도인데 가장 대표적인 관광지는 타시초종이다. 타시초종은 부탄 정부의 종합청사이면서 동시에 대표적인 종교시설이다. 부탄에는 타시초종 이외에도 각 종카그에 반드시 하나의 종이 있고, 규모가 큰 종카그인 팀푸와 푼초링, 파로에는 특별히 각 지역의 종이 두 개가 있다. 부탄의 '종'은 과거에는 외부의 침략을 막기 위한 성으로 건설되었지만 지금은 행정시설임과 동시에 사찰 역할을 수행하고 있다. 이는 이원집정 — 정치와 종교를 분리해 세속 세계의 정치는 왕이 다스리고, 영적 세계의 지도는 최고 라마승인 제 켄포가 다스리는 방식 — 이라는 부탄의 독특한 정치 시스템에 연유한다. 타시초종의 뜻은 '영광스러운 종교의 성채'다.

맞은편에서 바라본 탁상 사원.

1216년에 처음 건설되었고 몇 번의 재건축을 통해 1968년에 현재의 타시초종이 건설되어 정부청사로 사용되고 있다. 왕의 집무실과 내각의 차관들, 내무성과 재무성이 입주해 있고 나머지 정부 부처들이 주변에 자리 잡고 있다. 타시초종은 부탄의 전통적인 건축 양식에 따라 못을 사용하지 않고 설계도면 없이 건설된 부탄의 거대한 건축물이다. 독특한 외관이 소박하고 아름다우면서도 규모가 상당히 커 이곳을 찾는 관광객들은 항상 놀라워한다.

푸나카종은 타시초종 이상으로 부탄의 유명한 관광지이다. 푸나카종은 타시초종과 마찬가지로 현재 행정과 종교 기능을 겸하고 있는 시설이다. 푸나카종은 부탄의 20여 개 종 가운데 가장 아름다운 종이다. 이 아름다운 건축물은 모추 강(남자강)과 보추 강(여자강)이 만나는 삼각지 위에 세워져 있어서 더 특별하다. 모든 관광객은 푸나카종을 보는 순간 주변 경관과 완벽하게 합치된 건축물의 조화로움에 감탄사를 연발한다. 푸나카종은 최초로 부탄을 통일한 나왕 남걀에 의해 1637년 축성되었다. 이곳은 1955년 수도를 팀푸로 이전하기 전까지 약 300여 년간 부탄의 중심지였다. 국왕의 결혼식을 반드시 이곳에서 올리는 등 수도를 팀푸로 옮긴 이후에도 여전히 푸나카종은 부탄 정치의 중심지 역할을 수행하고 있다. 전설에 따르면 푸나카종 건축을 명령한 샵드룽이 건축가에게 이곳에서 하룻밤을 자도록 지시했는데, 그날 밤 꿈속에서 구루 린포체를 만나 그가 사는 궁전을 본 건축가가 그 모습대로 푸나카종을 세웠다고 한다. 푸나카종의 정식 명칭은 '풍탕

부탄 전통 건축양식의 정수 푸나카종.

데첸 포드랑'인데, '위대한 행복의 궁전'이라는 뜻이다.

부탄 문화를 대표하는 것 중 하나가 각 지방에서 열리는 종교 축제다. '체추Tshechu'라고 불리는 이 축제는 부탄에 불교를 전한 파드마삼바바 대선사의 생일에 맞춰 매년 부탄 달력으로 음력 10일부터 4일간 열리는데, 체추가 열리는 달은 지역과 사원에 따라 다르다. 부탄 사람들은 적어도 한 번은 체추에 참석해 탈춤을 목격해야 축복을 받고 죄를 씻을 수 있다고 믿는다. 사원에서는 스님이 탈춤을 공연하고 멀리 떨어진 마을에서는 스님과 마을 사람들이 함께 탈춤을 공연한다. 체추에는 탈춤 말고도 화려한 부탄 전통춤과 전통 음악이 3일간 이어진다. 체추가 열리는 동안 사람들은 붉은 쌀밥, 매운 돼지고기, 에마다취(매운 고추와 치즈로 만든 부탄 음식), 모모(돼지고기 만두)를 나눠 먹고 '아라Ara'라는 전통술을 마시면서 함께 즐긴다. 이러한 행사는 고된 노동에 지친 사람들에게 휴식을 주고, 가족과 친구, 이웃이 서로 교류하는 기회를 제공하는 것이다. 이런 부탄의 매우 화려하고 영적인 축제에 매료된 많은 외국인이 체추에 참가한다. 가장 많은 사람이 참여하는 인기 있는 체추는 파로와 팀푸에서 열리는 체추다.

부탄의 또 다른 매력은 독특한 자연경관이다. 부탄의 자연은 캐나다의 로키 산맥이나 스위스의 알프스처럼 빼어나게 아름답지는 않지만 마음을 고요하고 평화롭게 한다. 최근 히말라야의 고산을 트레킹하기 위해 부탄을 찾는 외국인 관광객이 늘고 있다. 히말라야 트레킹에는 다양한 코스가 있다. 가장 짧은 이틀짜리

전통 춤을 추는 부탄 무용수.

트렉도 있지만, 파로 계곡을 출발해 가사 종카그에 있는 라야Laya
를 거쳐 통사 종카그에 있는 세푸Sepu로 내려오는 25일짜리 '눈사
람 트렉Snowman Trek'까지 매우 다양하다. 트레킹도 다른 관광과 마
찬가지로 부탄 정부가 정해놓은 관광 룰에 따라야 하므로 비용이
만만치 않다. 부탄은 트레킹은 허용하지만 산의 정상을 정복하는
등산은 허용하지 않는다. 1980년대 초반 부탄 정부는 외화벌이를
위해 외국인에게 등반을 허용했다. 그러나 1994년 부탄은 6000m
이상의 산을 등반하는 것을 금지했고 2003년부터는 어떤 형태의
정상 등반도 허용하지 않고 있다. 이는 부탄 정부가 고산의 정상
을 신과 성령이 사는 곳으로 신성하게 여기는 그 지역 사람들의 관
습을 존중하기 때문이다. 그래서 부탄에는 7000m 이상의 고산이
21개나 있지만 아직까지 아무도 오르지 못한 봉우리가 많이 남아
있다. 그런 봉우리들은 여전히 신령스러운 빛을 발하고 있다.

　부탄에서의 트랭킹은 이웃 나라 네팔의 히말라야 트레킹과는
매우 다르다. 부탄에서는 사람을 포터로 사용할 수 없다. 물론 부
탄도 처음에는 등반에 필요한 짐을 사람들이 운반하도록 허용했
고, 자국의 농민들이 포터로 소집되는 것을 눈감아줬다. 하지만
등반기가 농번기와 겹쳐 포터로 일할 수 없다는 농민들의 하소연
을 들은 국왕이 포터를 폐지해버렸다. 국왕은 "우리에게는 외화
를 가져 오는 등산객보다 밭에서 일하는 사람이 더 소중하다"라
는 말을 남기며 농민을 포터로 고용하는 일을 금지시켰다. 사실
나 역시 네팔에서 트레킹을 할 때 정말 얼마 되지 않는 돈을 지불

말에 짐을 실어 이동하는 부탄의 트레킹.

하며 현지인에게 무거운 짐을 지게 하는 것이 여간 죄스러운 일이 아니었다. 부탄에서는 사람 대신 말이 짐을 운반한다.

나는 가장 기본적인 코스인 '드루크 길Druk Path'을 걸은 경험이 있다. 이 코스는 파로 계곡에서 출발해 팀푸로 돌아오는 4박 5일 코스다. 우리 일행은 네 명이었지만 우리를 도와주는 사람이 다섯 명이었다. 트레킹을 안내하는 가이드, 음식을 장만하는 요리사, 텐트 치는 사람, 말을 부리는 마부, 가이드 견습생. 여기에 텐트와 먹거리를 운반하는 말이 일곱 마리 동원되었다. 이처럼 '대부대'가 될 수밖에 없는 이유는 부탄에서는 트레킹을 할 때 산장을 사용하지 않고 야영을 해야 하기 때문이다. 한 사람에게 너무 많은 부담을 주지 않기 위해서다. 말도 한두 마리가 무거운 짐을 지는 것이 아니라 여러 마리가 나누어진다. 한 마리 말에 너무 많은 짐을 실으면 급한 내리막길에서 다칠 위험이 있다. 야영장에서는 텐트를 설치한 뒤, 반드시 땅을 파서 오물을 처리할 수 있는 임시 화장실을 마련해야 한다. 철수할 때는 쓰레기를 전부 수거해야 한다.

부탄의 청정한 자연경관은 사람들을 부탄에 끌어들인다. 그러나 이는 단순한 자연의 산물은 아니고, 부탄 정부와 국민이 자연를 보호하기 위해 애쓴 결과다. 부탄은 일찍이 1960년대부터 보호지역 개념을 도입해 전 국토의 50% 이상이 국립공원, 자연보호구역, 생물학적 회랑 등으로 보호되고 있다. 부탄 헌법은 전 국토의 60% 이상은 반드시 자연 숲에 의해 덮여 있도록 규정하고 있고, 실제로 국토 면적의 70% 이상이 숲으로 덮여 있다. 그 결과, 부탄은 그 영토와 매우 작은 국가임에도 불구하고 생물 다양성의 보존 분야에서는 세계적 보고이다. 해발고도 150m에서 7500m에 이르는 역동적인 국토 안에 다양한 생태계 — 숲, 산악, 강, 호수, 농업 생태계 등 — 가 병존하고 있다. 조류 770종과 동물 165종 등 믿을 수 없을 만큼 다양한 동식물이 서식하는 낙원이다. 특히 해발고도 4000m 이상 산악지대에는 200가지 이상의 약용식물과 동충하초가 서식하고 있다. 눈표범, 푸른 양, 타이킨(머리는 염소, 몸통은 소인 부탄의 국가 동물), 호랑이 등 희귀동물들의 안식처가 되고 있다. 자연을 보호하기 위한 부탄의 부단한 노력 덕분에 놀랍게도 부탄의 호랑이 개체 수가 1998년 74마리에서 2015년 103마리로 늘어난 것으로 보고되었다.

관광업은 부탄 경제에서 매우 중요한 산업이다. 전기 수출 다음으로 중요한 달러 박스다. 2014년에 부탄 정부가 관광 산업으로 벌어들인 돈은 총 7320만 달러로, 2013년의 6349만 달러에 비해 15.3%나 증가했다. 이는 부탄의 2014년 총 수출액 5억 6300만 달러(전기 수출 포함)의 약 13%에 해당하고, 전기를 제외한 수출액 3억 9500만 달러의 18.5%에 달한다.

부탄 정부는 관광수입 7320만 달러 중 4861만 달러는 여행사에 경비로 지불하고 나머지 2459만 달러(33.6%)는 정부 재정에 사용했다. 비자와 관광세 명목으로 거둬들인 돈이기 때문이다. 이 7320만 달러는 관광객이 부탄에 입국하기 전에 미리 여행사에 지

부탄 관광청의 공무원들.

불한 돈이고, 관광객이 부탄 현지에서 사용한 돈은 포함되어 있지 않으므로 민간영역에서 관광객이 사용한 외화까지 고려한다면 훨씬 더 많은 관광수입을 올린 것이다. 부탄 정부는 외화벌이를 위해 민간업자에게 다양한 관광 서비스를 제공하도록 유도하고 있다. 예를 들어, 부탄의 최고급 리조트인 우마Uma 리조트는 하루 밤 최고 2000달러의 숙식비를 받는다. 이곳에 머무는 손님 중 거의 대부분은 인도나 중국의 부자들이다.

부탄의 관광 산업은 직간접적인 방식으로 부탄 국민 약 2만 명 이상에게 일자리를 제공하고 있다. 부탄 인구의 80% 이상이 거주하는 농촌지역에도 관광객을 위한 교통 및 수송 분야, 전통 공예품 판매 등을 통해 경제적 소득을 얻고 있다. 특히 최근에는 생태관광이 인기를 끌면서 농촌지역을 찾는 관광객이 늘고 있다.

얼마 전, 국제적인 컨설팅 기관인 매킨지Mckinsey가 부탄의 현 관광정책을 제지하고 나섰다. 관광객으로부터 하루 200달러의 돈을 받는 관광정책을 개선하라는 권고였다. 그러나 부탄 정부는 오히려 하루 최소 관광 비용을 성수기 250달러로 인상했다. '높은 가치, 낮은 영향'이라는 자신들의 관광 전략을 더 강화한 것이다. 부탄은 비록 관광객에게 관광세 등을 걷지만 그들에게 다른 어느 나라에서도 느낄 수 없는 독특한 경험과 감상을 제공하고 있다. 그리고 자연환경과 전통문화, 전통적 가치, 부탄의 정체성 등을 지키면서 궁극적으로는 국민총행복의 증진에 기여하고 있다. 부탄은 관광업이 경제발전을 위한 기운찬 산업이라는 것을 잘 인식하고 있고 그것을 건강하게 발전시키기 위해 노력하고 있다.

그러나 한 가지 난제는 전 국토에 인프라가 부족해, 관광이 지역적으로, 계절적으로 제한되고 있다는 것이다. 부탄의 관광자원은 현재 서부 지역인 파로, 팀푸, 푸나카, 왕두에포드랑에 집중되어 있다. 조금 멀리 가면 중부 지방의 붐탕 정도다. 동쪽과 남쪽 지방까지 가는 관광객은 거의 없다. 이는 앞서 말했듯이 부탄이 서쪽 지방을 중심으로 발전해왔고, 열악한 교통 환경 때문에 동쪽이나 남쪽까지 가기에는 시간도 많이 걸리는 탓이다. 특히 여름 장마철에는 도로가 유실되고 겨울에는 눈이 쌓여 통행에 어려움을 겪는다. 부탄 정부는 늘어나는 수요에 대응해 항공편을 늘리고 비행장을 추가로 건설하고 도로를 정비하고 있다. 새 호텔도 계속해서 만들어지고 있다. 1년 내내 전 국토에서 고루 관광이 가능하도록 노력하고 있다. 정부의 지속 가능한 관광정책이 계속되는 한 부탄의 관광은 현지인과 방문객 모두 만족하는 방향으로 건강하게 성장할 것이다.

# 부탄은 지금 개판

## 떠돌이 개도 부탄에선 관광자원

부탄은 개의 천국이다. 한마디로 개판이다. 개들은 길거리를 마음대로 활보하고 차들이 개를 피해서 간다. 길을 가다보면 도로 여기저기에 휴식(?)을 취하고 있는 개들을 쉽게 볼 수 있다. 모두 밤을 위해 체력을 비축하고 있는 개들이다. 주인이 있는 개도 있지만 거의 대부분은 주인 없이 길에 방치된 개들이다. 동네 사람들이 먹이를 주기도 하지만 대부분 스스로 먹을 것을 해결해야 한다. 부탄에 개가 이처럼 많은 것은 살생을 하지 않는 불교의 교리 때문이다. 부탄 사람들은 살생을 멀리 한다. 그렇다고 육식을 아예 안 하는 것은 아니다. 부탄 사람들은 채식을 주로 하지만 중산층 이상의 사람들은 고기를 좋아한다. 600년 된 부탄 전통 식당에 초대를 받아 간 적이 있는데, 그곳의 주메뉴는 돼지고기와 소고기를 재료로 한 요리였다. 부탄에서 유통되는 육류는 인도 등에서 수입한 것들이다. 직접 살생을 하지는 않고 주변 나라에서 수입해서 먹는 것이다. 닭고기도 아주 중요한 식재료다.

개들은 먹을 것을 찾아 음식점 등이 있는 시내 중심가에 많이 산다. 내가 살던 아파트도 시내 중심부에 있었기 때문에 주변에 개들이 많았다. 최소한 서너 마리가 아파트 앞에 상주한다. 개들은 밤이 되면 낮에 비축한 힘으로 짖기 시합(?)을 한다. 어떤 때는 성질이 나면 밤새 싸운다. 야생 개들이 늑대 울음소리를 낼 때도 있다.

나는 부탄에 온 첫날밤부터 개 짖는 소리에 잠을 설쳤는데, 처음 며칠은 거의 한숨도 못 잤다. 개들이 전쟁을 벌인 것이다. 개들이 전쟁을 벌이는 이유는 두 가지다. 하나는 영역 싸움이고 다른 하나는 암컷 다툼이다. 호텔은 비교적 방음이 잘 되는 편이지만 부탄의 민간 아파트는 아무래도 날림공사로 지어져 개 짖는 소리가 생생하게 들린다. 도저히 견딜 수 없어서 산 위에 있는 변두리 마을로 이사한 적도 있다. 그러나 헛수고였다. 개들의 전쟁은 어디에나 존재한다. 더욱이 산 근처 마을은 가끔 야생동물이 출몰해 개들을 자극하기 때문에 오히려 더 소란스럽다. 할 수 없다. 참을 수밖에. 그렇게 두 달을 지내니 돌아올 무렵에는 개 짖는 소리가 외로운 이방인을 달래는 듯 정겹게 들리기도 했다. 개 짖는 소리에 잠이 깨면 짜증을 내지 않고 혼자 명상하는 시간을 갖는다. 어쩌다 개가 짖지 않는 밤은 개들에게 무슨 일이 생겼나 쓸데없는 걱정도 했다.

정작 부탄 사람들은 떠돌이 개에 대해 별로 의식을 하지 않는다. 그러나 관광객에게 개는 꽤 위협적인 존재다. 밤잠을 설치게 할 뿐만 아니라, 커다란 개가 길거리를 어슬렁거리고 다니면 신변의 위험을 느끼지 않을 수 없다. 개가 무서워 가급적 밤에는 외출을 삼간다. 낮에도 등산용 지팡이를 호

거리를 점령한 부탄의 개들.

신용 무기로 소지하고 다니는 외국인도 있다. 부탄 정부도 떠돌이 개들이 야기하는 문제의 심각성을 인식하고 있다. 그러나 개를 죽일 수는 없다. 번식을 억제하기 위해 2009년부터 2014년까지 무려 개 5만 마리에게 불임 시술을 했다고 한다. 팀푸의 인구가 12만~13만 명에 불과한데, 부탄에 도대체 얼마나 많은 개가 있는지 상상이 가지 않는다.

재미난 것은 부탄 관광국장의 말이다. 내가 떠돌이 개들이 부탄 관광의 장애물이라고 하자, 그녀는 떠돌이 개를 부탄의 관광자원으로 활용할 생각이라고 대답했다. 거리에서 평화롭게 여기저기 제멋대로 뒹굴고 있는 개들을 신기하게 여기는 외국인도 많다는 것이다. 하지만 어디까지나 차창 밖으로 볼 때의 이야기다. 밤에 혼자 길을 걸을 때 굶주린 떠돌이 개의 이빨을 목격하면 아마 그런 소리를 못할 것이다.

# 모든 공교육은
# 무상이다

선진국, 후진국을 막론하고 가난한 사람들은 의식주의 결핍으로 고통을 받는다. 그러나 그것보다 더 무서운 것은 앞으로도 가난으로부터 벗어날 수 없을 것이라는 절망감이다. 만약 그들에게 적절한 교육기회와 건강한 생활이 보장된다면 미래를 설계할 수 있을 것이다. 그런 점에서 '가난한 나라' 부탄이 국민에게 무상으로 교육과 의료 서비스를 제공하는 복지 시스템은 매우 독보적이고 희망적이다. 부탄에서는 유치원부터 대학까지 모든 공교육이 무료다. 공부는 잘하는데 돈이 없어서 대학을 못가는 사람은 없다. 부탄의 5대 왕은 이렇게 말했다. "교육은 국가의 모든 정책에서 최우선순위다."

왕추크는 부탄에서 가장 인기 있는 직업인 공무원이다. 그는 10년차 공무원인데 동쪽 끝 타시강 종카그에서 기획부서를 책임지고 있다. 봉급으로 매달 2만 3000눌트룸(약 41만 원)을 받고 있으며, 별도로 주택수당을 받지만 월급만으로 전업주부인 아내와 두 딸(초등학교 3학년과 1학년)을 책임지기에는 빠듯하다. 그렇지만 그는 현재의 생활에 매우 만족하고 있고, 장래에 대해서도 별 걱정이 없다. 아이들 교육은 공부만 잘하면 나라에서 유학까지도 보내주기 때문이다. 아프면 무료로 치료도 받을 수 있다. 왕추크는 정부의 무상교육으로 대학까지 졸업했다.

풀바는 관광 가이드다. 관광 회사에 10여 년간 근무하다가 지금은 개인차량으로 가이드 일을 하면서 생활한다. 작은 호텔의 카운트를 보는 아내와 초등학교 4학년, 6학년 두 딸이 있다. 풀바는 부탄어인 종카Dzongkha의 성적이 좋지 않았다. 10학년 때 시험을 통과하지 못해 공립 학교에 진학하지 못했고 자비로 인도의 사립 고등학교를 졸업했다. 그는 자기 딸들이 공부를 잘해서 반드시 공립 학교를 가서 대학까지 무상으로 다니기를 바란다.

부탄의 교육은 1950년대까지는 사찰 교육 중심이었고, 근대 학교교육이 도입되기 시작한 것은 1960년대 이후이지만 현재까지 비약적으로 발전하고 있다. 부탄은 1961년 전국의 학교 수가 11개에 불과했고 학생 수도 400명에 불과했으나, 2014년 기준 전국에 600여 개 학교에서 학생들을 가르치고 있고, 각종 교육 기관을 합치면 학생 약 20만 명이 부탄에서 공부를 하고 있다. 이는 '근대 부탄의 아버지'라고 불리는 3대 왕 지그메 도르지 왕추크 이래로 부탄 정부가 교육을 모든 정책의 최우선순위로 설정한 결과라고

이제 곧 학생이 될 부탄의 어린아이들.

할 수 있다. 현재 부탄을 다스리고 있는 5대 왕의 교육 철학을 들어보자.

나는 국가를 위해 봉사하면서 몇 개의 우선순위를 갖고 있다. 그중 첫 번째가 교육이다. 교육은 역량강화를 통해 사회적 형평을 실현함과 동시에 자아실현을 촉진해 개개인의 잠재력을 충분히 발휘할 수 있도록 한다. 좋은 교육은 자신감, 판단력, 선한 품성, 행복을 효과적으로 달성할 수 있는 수단을 제공한다. 좋은 학교는 아이들에게 공평한 성공의 기회를 보장해 개인의 성취가 인종이나 부모의 신분, 성, 사회적 연고 등에 의해 결정되지 않도록 한다(2014년 연설).

부탄의 교육 시스템은 크게 사찰 교육, 학교 교육(정규 교육), 비정규 교육으로 구성된다. 사찰 교육은 1960년대 근대 학교 교육이 도입되기 전까지 부탄의 교육을 담당해왔다. 사찰 교육은 두 가지 형식이 있다. 하나는 중앙 사찰 기구가 정부의 지원을 받아 운영하는 학교이고, 다른 하나는 종교 지도자들이 설립해 운영하는 학교다. 사찰 교육은 학교 교육과 마찬가지로 초등학교, 초·중·고등학교, 대학으로 구성되어 있다. 학교에서는 언어·예술·문학·철학·명상 등을 가르치며, 학사 혹은 석사 학위를 수여한다. 2015년 기준으로 중앙사찰기구가 운영하는 사찰 센터 388곳에서 승려 총 9584명이 수련하고 있다.

정규 교육은 크게 세 부분으로 나눌 수 있다. 7년간 1차 교육

**표 8_ 부탄의 정규 교육**

| 교육 과정 | 학년 | 구분 | 교육기간 | 비고 |
|---|---|---|---|---|
| 1차 교육<br>(7년) | - | 예비 초등학교 | 1년 | 기본교육<br>(무상) |
| | 1~6학년 | 초등학교 | 6년 | |
| 2차 교육<br>(6년) | 7~8학년 | 초급 | 2년 | |
| | 9~10학년 | 중급 | 2년 | |
| | 11~12학년 | 상급 | 2년 | - |
| 3차 교육 | - | 대학 과정 | - | |

자료: Ministry of Education, *Annual Education Statistics*(2015).

(예비 초등학교, 초등학교), 6년간 2차 교육(초급·중급·상급), 대학 college 과정인 3차 교육이 그것이다. 부탄 정부는 예비 초등학교부터 중급 2차 학교까지 11년간 교육 과정을 '기본교육 basic education'으로 정하고 무상으로 제공한다. 이는 2008년에 제정된 부탄 헌법 제9조의 규정인 "국가는 모든 어린이에게 10학년까지 무상교육을 실시하여야만 하고, 기술적·전문적 교육을 일반적으로 보장해야 하고, 실력에 따라 고등교육에 평등하게 접근할 수 있도록 보장해야 한다"는 원칙을 따른 결과다.

국가가 의무교육을 시행한 결과, 초등학교 입학률은 1988년의 25%에서 2014년에는 98.7%로 급속히 늘어나 지금 부탄의 모든 어린이들은 학교를 다니고 있다. 상급 학교 진학률도 높다. 6학년에서 초급 학교(7학년)로는 92%, 8학년에서 중급 학교(9학년)로는 88%, 10학년에서 상급 학교(11학년)로는 71%가 진학한다. 이처럼 단기간에 진학률이 높아진 것은 세계식량계획WFP과 부탄 정부가 무상급식과 기숙사를 제공한 것도 한몫했다. 2014년 기준 부탄의 초·중·고생 약 31%가 무상급식의 혜택을 누리고 있다(기숙사생 21%, 당일급식 10%). 교사의 숫자 역시 충분하다. 부탄의 전체 공무원 중 34%에 해당하는 인원이 교사로 일하고 있다. 교사 1인당 학생 수는 초·중·고등학교 모두 평균 20명 수준이고, 학급당 평균 학생 수는 30명 내외다. 1960~1970년대 우리나라의 초·중·고등학교의 학급당 평균 학생수가 60명이 넘었던 것을 생각하면 부탄이 교육투자에 얼마나 노력을 기울이고 있는지 알 수 있다.

중급 2차 교육까지는 의무교육이기 때문에 사립 학교가 거의 없다. 예를 들면, 부탄에는 현재 중급 교육을 담당하는 학교가 71개 있는데 이 가운데 사립 학교는 두 개밖에 없다. 그러나 상급 2차 학교의 경우 58개 학교 가운데 약 30%에 해당하는 18개 학교가 사립 학교다. 부탄의 무상 공교육 시스템에서는 예비 초등학교 과정 때부터 매 학년 일정 점수 이상을 받아야 상위 학년 혹은 다음 학교로 진학할 수 있다. 특히, 상급 학교 진학을 위해서는 시험을 통과해야 하는데, 더 높은 과정으로 올라갈수록 진학에 필요한 점수가 점점 높아지기 때문에 공립 학교 진학률은 점차 낮아진다. 다음 과정으로 진학하기 위해서는 시험을 통과해야 하는데, 6학년에서 7학년으로, 8학년에서 9학년으로 올라가는 시험은 각 학교에서 자체적으로 실시하지만, 10학년에서 11학년으로, 12학년에서 대학 과정으로 올라가는 시험은 '국가시험 및 평가위원회'

가 관리한다. 공립 상급 2차 학교에 진학을 못하면, 사립 학교에 가든지 직업학교로 가든지 해야 한다.

부탄 부모들의 교육열은 매우 높다. 가능하면 자식을 대학까지 보내고 싶어 한다. 고등학교 졸업생 중 약 40%가 대학에 진학할 정도로 부탄의 대학 진학률이 높다. 부탄에는 2014년 현재 부탄 왕립대학교Royal University of Bhutan 산하에 공립 대학 여덟 개와 사립 대학 한 개가 있다. 그리고 의과대학 두 개와 독립적으로 운영되는 대학 – 경영대학과 관광대학 – 두 개가 있다. 3차 교육기관이 모두 13개 있는 것이다. 그리고 이 3차 교육기관 13개에서 총 1만 1089명이 공부하고 있다. 이 가운데 8676명(78.2%)은 정부의 지원을 받고 있고, 2413명(21.8%)은 자비로 학업을 이어가고 있다. 부탄 정부는 상급 학교를 졸업한 학생 가운데 성적이 우수한 학생을 선발해 국비로 해외 유학을 보낸다. 2015년 기준 국비로 해외에서 공부하고 있는 부탄의 학생 수는 1046명이다. 이들 중 절반 정도는 인도에서 유학하고 있고, 호주를 제외하면 대부분 스리랑카·태국·말레이시아 등 아시아 지역에서 공부하고 있다. 국비 유학생 중 가장 많은 분야는 의학(약학 및 치과 포함)이다. 이는 부탄에 의과대학이 생긴 것이 2013년이고 아직 자리를 제대로 잡지 못했기 때문이다. 의학 분야 외에는 엔지니어 기술 분야, 건축 분야, 농림업 분야 등이 있으며 국가의 필요에 맞춰 유학생을 선발한다. 자비로 유학하는 학생은 3194명으로 국비 유학생보다 훨씬 많다. 자비 유학생의 90% 이상은 인도에 유학하고 있고 나머지는

상급 2차 학교의 여학생들.

태국과 방글라데시 등에서 공부하고 있다. 자비 유학생들은 대부분 경영학, 엔지니어 기술을 비롯해 상업·회계학·법학 등 실용학문을 공부하고 있다.

부탄은 상대적으로 해외 유학생이 많은 나라다. 대학 이외에도 1~2차 교육 과정 때에 해외 유학을 가는 아이들도 꽤 있다. 공립학교에 입학하지 못했거나 경제적 여유가 있는 아이들은 일찍부터 유학을 간다. 내가 만난 부탄개발은행의 한 여직원은 초등학교 3학년 때 인도로 유학을 가서 호주에서 대학을 마쳤다고 한다. 또 어느 호텔 사장의 아들과 연구소장의 딸은 인도의 명문 고등학교에 유학 중이다. 다행스러운 것은 이들 중 거의 대부분이 유학 후 부탄으로 돌아온다는 것이다.

이처럼 부탄 정부는 헌법에 명시된 원칙에 따라 10학년까지는 무상으로 의무교육을 실시하고, 10학년 이후에는 시험을 거쳐 우수한 학생들을 선발해 무상으로 자국의 대학이나 해외의 교육기관에 보내준다. 부탄의 '남녀간교육성평등지수'는 매우 높다. 초등학교와 10학년까지는 여학생 수가 남학생 수를 능가한다. 이는 만학을 하는 여학생이 상대적으로 많기 때문이다. 12학년까지는 남·여 학생 수에 차이가 없다. 다만, 대학 과정에서는 여학생 수가 남학생에 비해 적어 81%이지만 다른 제3세계에 비하면 이것도 상당히 높은 비율이다. 따라서 부탄에서는 적어도 공부를 잘하는데 돈이 없어서, 또는 성차별로 인해 대학을 가지 못하는 남학생이나 여학생은 거의 없다고 할 수 있다.

부탄은 정규 교육 이외에 다양한 교육 프로그램을 실시하고 있다. 2002년부터 3~5세 아동을 대상으로 한 유치원 교육 Early Child Care and Development을 실시하고 있다. 2015년 기준 251개 유치원 ─ 공립 유치원 198개와 비정부기구 등이 세운 사립 유치원 53개 ─ 이 유치원생 약 6000명을 수용하고 있다. 이는 부탄 인구 중 초등학교 입학연령 인구의 7% 정도에 불과한 숫자여서, 부탄 정부는 유치원의 수와 수용규모를 꾸준히 확대할 계획을 갖고 있다. 부탄 정부는 정규 학교 교육을 제대로 받지 못한 사람들을 위해 비정규 교육 non-formal education을 꾸준히 실시하고 있다. 2015년 기준 721개 비정규 교육 센터에서 약 8000명이 공부를 하고 있다. 교육은 주로 문자해독에 중점을 두고 있는데, 1994년 이 교육을 실시한 이후 약 17만 명이 혜택을 받았다. 남자와 여자의 비율은 1:5 정도였다. 이 프로그램은 국제적으로도 인정을 받아 2012년 유네스코로부터 '문해공자상 Confucius Prize of Literacy'을 수상했다. 이 외에 2006년부터 '계속교육 Continuing Education' 프로그램을 도입하여 정규 교육을 완전히 마치지 못한 사람들에게 평생학습 기회를 제공하고 있다. 공립 및 사립으로 운영되는 상급 학교가 정부 기관 및 민간 부문에 종사하는 성인들을 대상으로 11학년과 12학년 2년 과정인 계속교육 프로그램을 제공한다. 교육 프로그램에 참여하는 학생 대다수가 일과 학업을 병행하기 때문에 수업은 저녁과 주말에 이루어진다. 2015년 현재 14개 센터에서 1346명이 공부하고 있다. 한편 장애인 등 정상적인 교육을 받기 어려운 계층을 위

부탄 전통문화공예학교 학생들.

한 특수교육도 2015년 기준 11개 기관에서 활발하게 진행되고 있다. 총 학생 564명 교육을 받고 있다. 부탄에서는 특수교육 기관 외에도 일반 학교에서도 장애인을 위한 특별 프로그램을 운영하고 있다.

부탄 헌법은 10학년까지 무상 의무교육을 규정하고 있지만, 말처럼 쉬운 일은 아니다. 워낙 두메산골에 사람들이 흩어져 살기 때문에 모든 아이들에게 교육 기회를 제공한다는 게 쉽지는 않다. 부탄은 아무리 적은 숫자일지라도 마을에 학생이 있으면 초등학교를 건설하도록 강제하고 있지만, 어쩔 수 없이 학교를 짓지 못하는 지역에 사는 아이들은 이웃 학교의 기숙사에서 생활할 수 있도록 조치하고 있다. 또 분교extended classroom를 개설하고 교사를 한두 명 파견해 마을의 사찰 등을 이용해 복식수업을 하도록 하고 있다. 다만, 한 교사가 두 학년 이상의 학생을 가르치기 때문에 교사의 전문성이 부족해 수업의 질이 떨어질 수 있다는 우려가 제기되고 있다. 분교는 10명 이상의 학생이 모이면 개설이 가능하고, 예비초등학생(6세)부터 3학년 학생(9세)까지만 받는다. 이는 너무 어린 아이들이 원거리 통학을 하는 것을 막기 위한 것이다. 따라서 오지 어린이라도 4학년 이상은 1~2시간 걸려 원거리 통학을 하거나 본교의 기숙사에 들어가 공부한다. 2015년 현재 분교 96개에서 어린이 2312명이 공부하고 있다.

부탄 교육의 또 하나 좋은 점은 공교육의 경우 전국적으로 교육의 질에 별 차이가 없고 사교육이 없다는 점이다. 물론 사립 학교의 경우 따로 돈을 받고 방과 후 수업을 하는 경우는 있다. 농촌에 있는 학교는 학생 수가 적기 때문에 상대적으로 더 좋은 교육을 받을 수 있는 반면에, 부모들의 교육열이 낮기 때문에 도시보다 성적이 떨어질 수는 있다. 그렇지만 아이들 교육 때문에 농촌을 버리고 도시로 이농하지는 않는다. 전국에서 똑같은 교과서를 사용하고, 교사들은 다른 공무원과 마찬가지로 3~4년마다 전근을 다니기 때문에 온 국민이 누리는 교육의 질적 수준이 대동소이하다. 부탄에서는 공무원이 최고 인기 직장이지만 교직은 행정직에 비해 인기가 적다. 타시앙체 종카그의 기획 관련 부서에서 공무원으로 근무하는 도르지는 20년 교사 생활을 하다가 학생들이 마약을 하고 골치를 썩여 최근 행정직으로 전환했다.

앞에서 설명했듯이 부탄에는 팀푸의 사립 대학 1개를 포함해 총 9개의 대학이 있는데 특성에 따라 전국에 흩어져 있다. 가장 좋은 대학인 셰룹체Sherubtse 대학은 부탄의 동쪽 끝 타시강 종카그의 시골마을에 있다. 이 대학은 타시강 시내에서도 22km 떨어진 벽촌에 1968년 상급 학교로 설립되었다가 1983년에 최초의 대학으로 승격했다. 총리, 장관, 기업가 등 수많은 인재를 배출한 명문 대학이기 때문에 멀리 서부 지역에서도 유학을 오는 학생들이 절반이 넘는다. 모든 학비가 무료이며, 재학생 1600명이 거의 모두 기숙사 생활을 하고 있다. 본인이 기숙사 생활을 원하지 않으면 매달 보조금 1500눌트룸(약 3만 원)을 지급한다.

부탄은 왜 이 오지에 최초의 대학을 설립했을까? 지역 균형 발전을 위해서라고 한다. 셰룹체 대학의 교수들은 연령이 매우 젊다. 20대 후반에서 30대 초반의 젊은 교수들이 절반 이상을 차지한다. 실력 있는 중견 교수들 중 일부는 좀 더 대우가 좋은 사립 대학이나 공기업으로 떠난다. 교수들은 일주일에 12시간, 연간 총 40주 정도의 시간을 강의하는데, 경제학과의 경우 학생 300명에 대해 교수 여섯 명이 가르치기 때문에 강의 부담이 적지 않다. 한 학급에 무려 80~90명이 있다. 반면에 봉급은 일반 공무원 수준에 지나지 않는다. 부탄의 공립 대학에서는 부족한 전공교수를 충당하기 위해 외국인 교수를 채용하고 있다. 외국인 교수는 부탄 교수에 비해 최소 2~3배의 높은 급료를 받는다. 내가 만난 경제학과 교수는 인도 사람이었다. 이 대학을 졸업한 학생들은 거의 대부분 공무원으로 일하거나, 공기업과 금융기관 등에 취업한다.

부탄 정부가 교육을 최우선순위로 두면서, 2015년 기준 부탄은 전체 인구의 약 30%에 해당하는 21만 명이 '열공' 중이다. 유치원 교육, 사찰 교육, 정규 교육, 비정규 교육을 포함해서 말이다. 이런 교육 시스템을 유지하기 위해 부탄 정부는 매해 막대한 재정을 교육에 투입하고 있다. 예를 들면, 2015~2016 회계연도의 총예산 455억 눌트룸 가운데 20.4%에 해당하는 93억 눌트룸을 교육 분야에 투자하고 있다. 부탄의 무상교육은 학비는 물론 교과서·운동기구·학습교재·학용품 등을 포함한 모든 것을 학생에게 제공한다. 필요에 따라 기숙사와 식사도 제공한다. 하지만 부탄 정부는 증가하는 재정 부담으로 인해 1993년부터 무상 지원 항목에서 학용품을 제외했다. 물론 부탄의 학부모들도 교육비를 지출하기는 한다. 자녀가 초등학교(1~6학년)에 다닐 때에는 연간 30눌트룸(약 540원), 2차 교육(초급) 학교(7~8학년)에 다닐 때에는 연간 100눌트룸(약 1700원), 2차 교육(중·상급) 학교(9~12학년)에 다닐 때에는 연간 200눌트룸(약 3400원)의 학교발전기금을 낸다. 그렇지만 이 금액은 자녀 한 명을 양육하는 실질 교육비의 0.1~0.8%에도 미치지 못하는 적은 금액이다.

# 모든 의료 서비스는
# 무상이다

여행 가이드 체링은 올해 36세다. 지난해 부인의 신장 옆에 담석이 생겼다. 수도 팀푸에 있는 국가종합병원(팀푸 종합병원)까지 갔는데 의사들이 수술을 꺼렸다. 신장이 다칠 우려가 있다는 이유였다. 의사들은 인도의 콜카타Kolkata에 있는 큰 병원으로 가라고 했다. 부탄 정부는 체링에게 부부의 열차 요금을 줬다. "몸을 못 가눌 정도로 아팠으면 비행기 삯이 나왔을 텐데." 체링은 아쉬워했다. 콜카타의 병원에 부인을 입원시킨 후 체링은 부탄대사관이 마련해준 숙소에 머물렀다. 시설은 그리 좋지 않다. 그래도 공짜다. 식비로 하루에 150눌트룸(약 2550원)이 나왔다. "치료비를 마련하지 못해 전전긍긍하는 인도인들이 많았어. 나는 아무 걱정 안 해도 되잖아. 부탄 사람이라는 게 그렇게 다행스러울 수 없었어." 부탄에서는 옆에 좋은 의료시설을 두고도 돈이 없어서 치료를 받지 못하는 사람은 없다.

이 이야기는 부탄에서 생활하고 있는 한국인이 어느 일간지에 연재한 글에 나오는 일화다. 부탄은 무상 공교육과 함께 모든 의료가 무상이다. 부탄 헌법 제9조는 "국가는 근대 의학과 전통 의학 모두에서 기본적인 공공 의료 서비스를 무상으로 제공해야 하고, 개인이 통제할 수 없는 이유로 적절한 생활을 영위하기 어려운 질병이나 장애 혹은 부족이 발생한 경우 안전장치security를 제공해야 한다"라고 규정하고 있다. 부탄 사람들은 1차 진료를 받은 뒤 의사의 소견에 따라 상급 병원에 갈 필요가 있으면 전문 클리닉으로 환자를 보낸다. 그리고 부탄의 상급 병원에서도 해결할 수 없으면 인도의 더 큰 병원에 보낸다. 물론 비용은 모두 국가에서 부담한다.

부탄의 무상의료 시스템을 알아보기 위해 감기를 빙자해 수도 팀푸의 국가종합병원National referral hospital을 찾았다. 원무과에 신청을 했더니 가벼운 감기 증세라 가정의에게 배정했다. 번호표를 주는 것도 아니고 의자도 없으니 줄을 서서 진찰실 앞에서 내 차례가 올 때까지 기다려야 했다. 오래 기다려야 한다고 해서 아침 시간을 피해 오후 12시 10분에 갔는데도 30여 분을 기다리느라 조금 짜증이 났다. 그렇지만 부탄 사람들은 전혀 개의치 않는다. 환자들은 여자들이 많았는데 옆 사람들과 수다를 떨며 즐거운 표정을 짓고 있었다. 방글라데시에서 공부하고 온 2년차 젊은 여의사가 나를 매우 친절하게 맞이했다. 청진기로 검진을

몽가르 종합병원.

마치자, 간단한 감기이니 약을 먹고 쉬면 나을 것이라고 말한다. 아프면 다시 오란다. 진찰하는 데 1~2분 걸렸고 약 타는 데 10분 걸렸다. 정말 모두 공짜다. 그러나 여기에도 예외가 있었다. 우선 기다리기 싫으면 오후 4시부터 7시 사이에 있는 특진을 받을 수 있는데 500눌트룸(약 9000원)을 지불해야 한다. 또 무상인 6인실이 싫으면 1인실을 택할 수 있는데 역시 하루 2500~3000눌트룸(약 5만~6만 원)을 지불해야 한다. 병원 측의 호의로 병원 투어를 했는데 기대 이상으로 시설과 의료 장비가 잘 갖추어져 있었다. 팀푸에 있는 국가종합병원은 인도와 일본 정부의 도움으로 병상 350개를 갖추고 있으며, 현대적 시설을 갖춘 진료과 12개를 운영하고 있다.

동쪽을 여행하는 도중에 몽가르에 있는 종합병원에도 가봤다. 몽가르 종합병원은 2008년 인도로부터 건축 비용과 의료장비 구입 비용 명목으로 지원금 5억 3700만 눌트룸(약 100억 원)을 받아 신축했다. 몽가르 종합병원은 부탄에 있는 세 개의 종합병원 중 하나로 부탄 동쪽 지방의 3차 진료기관을 담당하고 있다. 병상 총 150개를 갖추고 있었는데, MRI와 CT 설비를 제외하면 팀푸의 국가종합병원과 시설 면에서는 큰 차이가 없었다. 미숙아 분만실도 여섯 개를 갖추고 있었다. 몽가르 종합병원에는 의사 18명이 진료과 일곱 개를 담당하고 있다. 그리고 그들을 간호사 80명이 돕고 있다. 입원환자의 간병을 위해 환자당 보호자 수를 한 명까지만 허용하는데, 음식은 환자에게 나오는 것을 나눠 먹는다. 관계자에게 물어보니, 환자를 돌보는 데 가족과 친척의 도움이 중요하긴 하지만, 너무 면회를 자주 와서 걱정이라고 말했다. 진료시간은 오전 9시에서 오후 3시까지이며 팀푸의 국가종합병원과는 달리 따로 특진은 없었다.

지금 부탄의 병원에서 근무하고 있는 의사들은 자신들이 수학할 때는 부탄에 의과대학이 없었기 때문에 인도나 스리랑카 등에서 국비 장학생으로 공부를 하고 돌아와 의무복무를 하는 의사들이다. 그러나 의무복무 후에 해외로 나가는 의사는 거의 없다. 의사 수가 절대적으로 부족해 외국인 의사를 고용하고 있는 형편인데, 현재 몽가르 종합병원에는 쿠바의사 네 명과 미얀마 의사 한 명을 고용하고 있다. 의사들의 급여는 일반 공무원 수준이며 추가로 약간의 수당을 받는다. 외국인 의사가 매달 1500달러 정도를 받는 반면에 부탄의 의사는 매달 300~400달러 정도를 받는다. 보통 15분 정도 기다리면 의사를 만날 수 있으나, 전문의는 30분에서 1시간 정도를 기다리지 않으면 안 된다. 부탄의 무상의료 시스템에 대한 의사들의 생각을 물어봤다. 무상의료의 장점은 환자의 입장에서는 물론 돈이 안 들어서 좋고, 의사의 입장에서는 과잉 치료를 하지 않는 점이라고 한다. 반대로 단점도 있다. 의사의 수입이 고정되어 있다 보니 진료를 열심히 하지 않고, 환자는 돈을 내지 않고 당연하게 치료를 받으니 병원과 의사에 대한 고마움을 잘 모른다.

부탄의 무상의료 서비스의 전달체계는 3층 구조로 되어 있다.

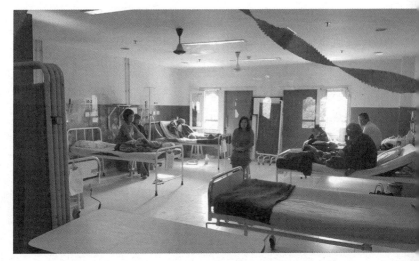

몽가르 종합병원의 입원실.

1차 의료 서비스는 보건지소outreach clinic나 읍·면gewog 단위로 설치된 기초보건소Basic Health Unit에서, 2차 의료 서비스는 20개 종카 그 곳곳에 위치한 지역병원district hospital에서, 3차 의료 서비스는 광역종합병원 혹은 국가종합병원에서 담당한다. 1차 의료 서비스부터 3차 의료 서비스까지 모두 무상이다. 입원하는 경우에는 환자에게 식사가 제공되지만, 간병은 병원의 인력이 부족하기 때문에 일반적으로 가족들이 책임진다. 1차 의료 서비스(보건소), 2차 의료 서비스(지역병원), 3차 의료 서비스(광역종합병원)에서 치료할 수 없는 병은 팀푸의 국가종합병원으로 이송되는데 거기에 필요한 모든 비용은 국가가 지불한다. 그리고 부탄에서 치료할 수 없는 병은 인도 등 해외로 보내 치료를 요청하기도 하는데 역시 그 비용도 국가가 지불한다.

부탄 정부의 이런 무상의료 서비스 정책 덕분에 부탄 국민의 건강은 크게 개선되었다. 우선 기대수명이 1950년대의 36.1세에서 현재 68세까지 늘어났으며, 국민의 97%가 국가면역체계의 혜택을 입고 있다. 영아 사망률은 1994년의 70.7명(1000명 중)에서 2014년에 30명으로 감소했고, 임산부 사망률도 같은 기간에 380명(1000명 중)에서 86명으로 감소했다. 2012년 조사에 따르면 부탄 국민 중 14세 이상의 85%, 65세 이상의 65.5%가 본인이 느끼기에 스스로 건강하다고 보고했다. 10~75세의 부탄 사람 가운데 92.1%가 의료 서비스에 만족한다고 보고했는데, 특히 기초보건소에 대한 만족도가 매우 높았다.

그렇다고 부탄이 의료 천국이라고 할 수는 없다. 여전히 의료 서비스의 질적, 양적 수준은 매우 열악하다. 의료 시설과 의료진이 턱없이 부족하기 때문이다. 2013년 기준 인구 75만 명이 넘게 살고 있는 부탄에는 종합병원 총 세 개 — 국가종합병원 한 개, 광역 종합병원 두 개 — 와 20개 종카그에 퍼져 있는 지역병원 32개가 있으며, 205개 읍·면에 퍼져 있는 보건소 205개와 보건지소 519개도 부탄의 의료를 책임지고 있다. 그러나 이들 의료시설에서 일하는 의사의 숫자는 전국을 통틀어 203명에 지나지 않는다. 외국인 의사를 포함한 숫자다. 종합병원을 제외하면 지역병원에는 의사 한두 명밖에 없는 경우가 적지 않고, 아예 의사를 두지 못한 보건소도 허다하다.

인구 1000명당 의사 수는 0.28명(한국은 OECD 최하위 순위권임에도 2.2명)으로 매우 부족하다. 간호사 수도 1.07명(한국은 5.2명)으로 절대적으로 부족하다. 병상 수도 1.7개(한국은 9.46개)로 역시 턱없이 부족하다. 이처럼 의료 인력이 부족한 것은 부탄에 의과대학이 없어서 의사와 간호사 보충을 해외 유학생에게 의존할 수밖에 없었기 때문이다. 다행히 2013년에 의과대학이 설립되어 의사 부족 문제는 어느 정도 해결될 것으로 기대하나, 여전히 전문교수의 부족 등 어려움을 겪고 있다. 얼마 전에는 인도 접경 도시인 푼초링에 간호사를 훈련하기 위한 사립 간호대학이 설립되었다.

부탄 정부는 적어도 90% 이상의 국민이 걸어서 3시간 이내에

갈 수 있는 위치에 보건지소나 기초보건소 혹은 지역병원이 있어서 자국민이라면 누구나 기본적인 의료 서비스를 받을 수 있도록 하고 있다. 2013년 기준 그 비율은 95%에 달한다. 하지만 이는 부탄에는 아직도 가장 기본적인 의료 서비스로부터 소외된 사람들이 5%나 있다는 것을 의미한다. 그리고 3시간 이내에 의료시설에 접근할 수 있다고는 하지만, 이들 중에는 여러 사정으로 실제로는 의료 서비스를 받지 못하는 경우도 적지 않을 것이다.

부탄에도 개인이 운영하는 병원이 존재한다. 부탄 전국에는 9개의 개인진료센터가 있다. 이런 시설들은 주로 특정 분야의 의료 서비스만을 제공한다. 2015년 부탄에 체류하던 중 나는 심한 식중독에 걸려 부탄의 한 개인 병원을 찾았다. 주로 내과 진료를 담당하던 의사였는데, 팀푸에 있는 국가종합병원에서 오래 근무한 경력이 있는 의학박사였다. 예약을 하고 가니 의사를 만나기가 용이했고 매우 친절했다. 진찰비는 국가종합병원의 특진비에 해당하는 500눌트룸이었다. 약값으로는 130눌트룸을 청구했다. 이틀 후 허리가 아파 재방문을 하니 진찰비는 없고 식중독과 허리 통증을 치료하는 약값으로 180눌트룸을 청구했다. 개인 병원이지만 무척 저렴하다. 부탄 정부는 개인 병원 면허를 최대한 억제하고 있다. 실제로 수요도 많지 않다고 한다. 부탄의 무상의료 시스템이 나름대로 잘 작동하고 있기 때문이다.

부탄 정부는 의료를 경제 성장과 빈곤 감축, 정신의 함양과 국민총행복 증진을 위한 전제조건으로 인식한다. 그리고 무상의료

병원에서 진료를 기다리고 있는 부탄 사람들.

는 가난하고 소외된 사람들에게 민주주의와 투명성, 공평한 기회를 보장하는 가장 중요한 정책 중 하나라고 생각한다. 부탄 정부는 무상의료 시스템을 구축하기 위해 매해 정부 지출의 7.4~11.4%를 사용해왔다. 이는 국내총생산의 약 4%에 해당하는 상당히 큰 비율이다. 문제는 1인당 평균 의료비 지출 규모가 매년 증가하고 있다는 점이다. 예를 들면, 2012~2013년의 평균 의료비 지출 규모는 국내총생산의 3.8%였는데, 이는 직전 연도의 3.61%에 비해 약간 증가한 수치였다. 의료 서비스에 대한 국민들의 요구가 증대하고 있고, 생활 방식이 급격히 바뀌면서 질병의 패턴 자체가 많이 변했기 때문일 것이다. 또 의료 서비스를 두메산골까지 확대하는 데 많은 비용이 들어가기 때문이다.

부탄의 의료 인프라는 아무리 무상이라고 할지라도 시설이나 인프라, 인력의 측면에서 한국에 비교되지 않을 만큼 열악하다. 그렇지만 1인당 국민소득이 1000달러도 안 되던 시기에 전국에 무상의료 시스템을 도입하고 그 서비스 수준을 꾸준히 개선해오고 있다는 점만큼은 놀라운 일이다. 물론 부탄에서도 부자가 가난한 사람에 비해 월등하게 더 나은 의료 서비스를 즐긴다.

그러나 적어도 부탄에서는 첨단 시설을 눈앞에 두고도 돈이 없어서 죽어가는 사람은 없다. 지역별 의료 격차도 크지 않다. 의사와 병원이 수도권과 대도시에 집중되어 있고 일부 농어촌 지역에서는 의사의 수가 절대적으로 부족한 우리나라와 비교하면 부탄의 의료 환경은 오히려 한국보다 낫다고 할 수 있을 것이다. 게다가 공공 의료의 관점에서 보면, 한국의 공공병상 수는 인구 1000명당 1.19개로, 부탄의 1.7개에 비해 오히려 낮은 수준이다.

# 부탄에는 남이 없다
## 사회적 유대와 사회안전망

"부탄 사람이 정말 행복하다면 그 근거는 무엇인가요?" 부탄 사람들에게 이렇게 물어보면 거의 모든 사람이 가족과 친족, 이웃 간의 사회적 유대와 사회안전망을 말한다. 실제로 부탄 사람들은 '남'이 거의 없다. 아파트 바로 옆집에 있는 이웃의 얼굴도 모르는 한국의 풍경과는 대조적이다. 가까우면 부모와 형제이거나 조금 멀면 사촌이다. 아주 멀면 친구다. 집안에 작은 일만 생겨도 온 친척이 다 모인다. 부탄에서는 시골에 사는 친척이 팀푸에 있는 친척의 집에 와서 취업할 때까지 몇 달씩 기거하는 것이 보통이다. 마을에서 누군가 아파서 입원하면 마을 사람 모두가 병문안을 간다. 즐거움과 어려움을 함께 나누는 공동체 문화가 확고하다.

내가 만난 타시강 종카그의 공무원 도르지는 월급으로 동생의 학비를 부담한다. 부탄연구소의 왕디는 지방에서 올라온 사촌 조카를 집에 데리고 있으면서 공부를 시키고 있었다. 중부 지방 붐탕 종카그의 드라얀 ― 여종업원이 공개 무대에서 춤추고 노래하며 서빙 하는 술집 ― 에서 만난 여자 종업원은 아버지가 돌아가시고 어머니와 두 여동생을 돕기 위해 술집에 나오고 있다고 한다. 그녀는 자신의 여동생을 꼭 학교에 보내고 싶다고 말했다.

타시강 종카그에서 만난 와타나베 미호코는 일본 도시샤[同志社] 대학원에서 부탄에 유학 온 학생이다. 부탄의 문화 ― 특히 토지신 ― 에 관심이 많아 세룹체 대학에 2년간 유학하고 2015년 10월에 귀국한다고 했다. 일본에 돌아간 뒤에도 부모님께 인사만 드리고 다시 부탄에 오고 싶다고 한다. 부탄의 남자와 만나 결혼하고 싶은데 부모님께서 허락하실지 모르겠다고 걱정이다. 그녀에게 '부탄이 왜 좋은지, 부탄 사람들은 왜 행복한지'를 물어봤다.

뭐가 좋은지 딱 설명하기는 어렵지만 하여간 좋다. 사람들이 다정다감하고 어른들을 공경한다. 부탄 사람들은 앞날에 대한 걱정을 별로 하지 않는다. 저축은 거의 하지 않고 오히려 빚이 많다. 포기가 빠르고 매사를 운명으로 받아들인다. 사람 사귀기를 좋아해 나를 혼자 두지 않는다. 처음에는 그게 불편했는데 익숙해지니 좋다. 다른 사람과 더불어 사는 것이 불편한 점도 있지만 혼자 사는 것보다는 낫다.

와타나베는 한 달 생활비로 3000눌트룸(약 5만 4000원) 정도를 사용한다. 그 정도면 충분하다고 한다. 비결이 궁금했다. "학비는 필요 없고 월세로 1000눌트룸을 낸다. 나머지는 용돈으로 쓰고 음식은 서로 나눠 먹으니 별로 돈이 들지 않는다. 친구 집에 가서 얻어먹기도 한다. 반대로 친구가 우리 집에 찾아와 함께 식사하기도 한다. 쌀은 친구들이 줘서 따로 구입하지 않는다."

그런 그녀에게도 걱정이 있다. "최근에 마을이 모든 것에 개방되면서 이런 인간관계가 조금씩 무너지고 있다. 부탄 사람들도 물질에 대한 열망이 높다. 내가 갖고 있는 물건 ─ 노트북, 의류 등 ─ 에 대해서는 꼭 가격을 물어본다. 6개월에 한 번 정도 버스로 수도 팀푸에 가는데(약 600km) 새벽에 일찍 출발하면 도중에 하룻밤 자고 다음날 저녁에야 도착한다. 팀푸에 가면 모처럼 도시의 현대문명을 즐길 수 있어 마치 일본에 간 것처럼 좋다. 도로의 상태가 더 좋아졌으면 좋겠지만 타시강이 팀푸처럼 발전하는 것은 바라지 않는다."

지금 부탄 사회에서 발견되는 이런 '사회적 유대'는 사실 지역을 막론하고 전통 사회에서 쉽게 볼 수 있는 풍경이다. 우리나라의 경우에도 1950~1960년대는 말할 나위 없고 적어도 1970년대까지는 비슷한 광경이 있었다. 초등학교 혹은 중학교만 나온 어린 여성들이 남의 집에서 식모로 일하거나 공장에서 '공순이'로 일하면서 용돈을 조금씩 모아 시골에서 농사짓는 부모님께 소를 사주거나 텔레비전을 선물하기도 했다. 또는 술집에서 '빠순이'라고 하대받으며 갖은 고생을 해 번 돈으로 동생 ─ 주로 남동생 ─ 의

많은 도움을 준 스리자나와 그녀의 가족.

학비를 부담하는 경우도 많았다.

서울에서 자취하고 있던 우리 집에는 큰삼촌과 막내 삼촌의 아들이 차례로 지방에서 올라와 대학에 입학할 때까지 몇 년씩 기거를 했다. 나는 고등학교 3학년 때 그런 사촌 동생과 함께 방을 사용했는데 당시 공부에 방해가 되어 불편했지만 함께 지내는 것을 당연한 것으로 받아들였다. 사돈의 팔촌까지 챙기면서 집안에 무슨 일이 있으면 서로 도우며 살았다. 대학에 다닐 때에는 친구 하숙집에 놀러 가면 하숙집 아줌마가 밤참도 챙겨주고 아침밥까지 잘 차려줬다. 대학 시절 농활 때 만난 농부 아주머니가 쌀값이 너무 오른다고 한숨을 쉬던 것도 생각이 난다. 동네 인심이 나빠진다는 이유였다. 그 정도로 당시 한국인들은 '나'보다는 '우리'를 먼저 생각했다. 시대가 그런 시대였다.

하지만 이제 우리나라의 사회적 유대는 급속히 무너져, 그런 이야기도 먼 옛날의 이야기처럼 들린다. 부탄도 근대화와 도시화가 진행되면서 전통적 가치와 오래된 제도, 공동체적 관행이 위협을 받고 있다. 그렇지만 부탄의 사회적 유대는 독특한 역사적·정치적·지리적·사회적·경제적 여건 속에 기초하고 있어 쉽게 무너질 것 같지는 않다.

군주제 이전 신권정치 시대 — 17세기부터 20세기 초 — 의 부탄 사회는 주로 농민과 사찰 공동체로 구성되어 있었다. 국가의 역할은 부처의 가르침을 전파하고 불교 원리에 따라 법과 질서를 유지해 백성들을 보호하고 행복과 삶의 질을 보장하는 것이었다.

백성(농민들)은 현물 조세와 무상 노동을 제공해 국가의 이런 의무와 기능을 지원했다. 종교와 정치의 통치가 분리된 이원적 통치구조가 국가의 정신적 영역과 세속적 영역의 균형을 가져다줬다. 불교 원리에 기초를 둔 세속적 통치구조는 국가와 백성 모두에게 개인적 차원을 넘어 집단적인 도덕적 선과 고결한 의무, 사회적 책임을 실천하는 태도와 행동을 유도했다. 권리보다는 의무를 강조하는 부탄의 전통 사회는 미시적·거시적 수준에서 상호의존·공존·이타주의·봉사정신·협력 등의 가치를 키우는 한편, 개인주의·권리추구·이기적 행동 등의 태도를 억제했다.

한편 부탄 사람들은 몇몇 지역에 흩어져서 고립된 채 살아가면서 공동체 구성원 내부에서 재화와 서비스를 교환하는 독특한 사회적 구조를 형성했다. 이를 '결속 사회자본bonding social capital'이라고 부르는데, 제한된 사람들 사이에서의 매우 활발한 사회적 상호작용을 뜻한다. 이 관계망의 가장 큰 특징은 재해 예방, 식량 및 노동력 부족 대처, 지역 갈등 관리, 자원 공유 등과 같은 공동의 과제를 극복하기 위한 높은 수준의 신뢰와 협력적 행동을 보여준다는 것이다. 합의·연대·자립·협력의 원리에 의해 함께 결속된 부탄의 오랜 농가들이 형성한 강한 아말감은 현재 부탄의 거의 모든 마을에 계승되었다. 이 과정에서 협력과 상호작용적 행동을 추가하는 지역의 관습과 제도가 진화해왔고, 그것들은 오늘날까지 활기차게 이어지고 있다.

한편 몇몇 공동체는 흔히 '연결 사회자본bridging social capital'이라고 하는 공동체 간의 연계를 발전시켜왔다. 그 대표적인 것이 고지대 공동체와 저지대 계곡 사이의 '손님-주인 guest-host' 관계다. 고지대의 사람들은 그들의 유제품을 갖고 계곡으로 내려가서 곡물 등과 교환했다. 고지대 사람들은 마치 하나의 대가족처럼 계곡 사람들과 함께 생활했다. 이런 전통이 수 세대에 걸쳐 이어져왔다. 또 가축 방목에 쓰일 초지草地를 서로 번갈아 제공하는 전통도 오랫동안 이어지고 있다. 여름에는 북쪽 고지대 사람들이 남쪽 아열대 지역의 사람들에게, 겨울에는 아열대 지역의 사람들이 고지대 사람들에게 초지를 제공한다.

부탄 사람들은 신뢰·헌신·호혜·측은지심·존경·충성 등과 같은 사회적 가치를 소중하게 여긴다. 이것을 가장 잘 보여주는 것이 '조화로운 네 친구'라는 우화다. 이 이야기는 부탄에서 가장 보편적으로 사랑받는 이야기다. 여기서 말하는 '네 친구'는 코끼리, 코끼리 어깨에 앉은 원숭이, 원숭이 어깨 앉은 토끼, 토끼 어깨에 앉은 새를 말한다. 이 친구들은 각자의 어깨를 타고 나무의 열매를 향해 서 있다. 이 네 친구의 모습은 부탄의 가정이나 공공건물 등 어디에서나 발견할 수 있다. 그림, 조각, 직물 등을 통해서 말이다. '조화로운 네 친구' 우화는 불교에서 유래한다. 옛날 인도의 바라나시 Varanasi 숲에 동물 네 마리 — 코끼리, 토끼, 원숭이, 새 — 가 살고 있었다. 네 동물은 나무 한 그루의 소유권을 두고 논쟁을 벌였다. 코끼리는 "이 나무는 내가 처음 발견했다"라고 주장했으며, 원숭이는 "그 열매를 먹고 자란 것이 나다"라고 반박했으며, 토끼

부탄의 우화에 등장하는 네 동물.

는 "코끼리가 나무를 발견하고 원숭이가 열매를 먹기 전에 이미 내가 어린 나무의 잎을 먹었다"라고 맞섰다. 이렇게 각자 자기가 나무와 가장 먼저 인연을 맺었다고 주장하자, 어디선가 새가 나타나 "내가 씨앗을 물어 와서 심지 않았다면 이 나무가 자랄 수 없었다"라고 말했다. 모두 새의 말에 동의하고 새를 가장 큰 형님으로 모셨다. 네 친구는 나무의 향기, 열매, 응달을 함께 누리며 평화롭게 살았다. 새는 씨앗을 뿌리고 토끼는 물을 주고 원숭이는 거름을 주고 코끼리는 씨앗이 자라도록 보호했다. 나무가 크게 자라 붉은 사과 열매를 맺었지만, 너무 높아 코끼리도 원숭이도 토끼도 따먹을 수 없었다. 네 친구는 머리를 맞대고 묘안을 냈다. 코끼리 등 위에 원숭이가, 원숭이 등 위에 토끼가, 토끼 등 위에 새가 올라타 사과 열매를 따는 것이었다. 그들은 사이좋게 열매를 나눠 먹었다.

부탄 사람들은 이 우화를 통해 협동의 미덕과 모든 사물이 자연의 순환 속에서 서로 연결되어 있음을 말한다. 네 친구에 대한 해석은 매우 다양하다. 코끼리는 대지, 원숭이는 공기, 토끼는 토양, 새는 하늘을 상징하기도 한다. 또는 코끼리는 우리의 몸, 원숭이는 쉼 없이 변하는 마음, 토끼는 감정, 새는 영혼을 표현한다고 말할 수도 있다. 어떤 사람들은 삶에서 가장 중요한 네 가지, 강인함(코끼리)·지혜(원숭이)·속도(토끼)·비전(새)을 상징하는 것이라고 해석하며 물질세계와 정신세계의 균형을 강조한다. 부탄에서 이 우화의 해석은 다양하지만, 그들이 말하고자 하는 것은 한 가지다. 사람이란 모름지기 자연과 조화를 이루며 살고, 문화적 차이에 구애받지 않고 서로 협동하며, 온 가족이 공평하게 함께 일해야 한다는 것이다. 이런 정신이 부탄의 국가 정체성으로 이어졌다.

부탄이 개별 공동체를 넘어 하나의 국가로서 사회적 유대 – 국가적 정체성 – 를 형성하는 데는 국왕의 역할이 매우 크다. 절대군주제 아래에서 국왕은 말할 나위 없이 국가 통합과 국가적 가치의 상징이며 모든 부탄의 국민은 그런 국왕을 사랑하고 믿고 따른다.

이웃에 중국과 인도라는 거대한 국가들을 두고 있는 작은 나라 부탄의 처지에서 국왕은 외부 위협에 대한 중요한 안전판safeguard이다. 절대군주 국가에서 민주주의 국가로의 이행 과정에서도 국왕의 역할은 절대적이었다. 3대 왕은 지역 귀족들이 거느리고 있던 하인들을 해방해 농노제를 폐지하고 과두지배를 종식했다. 1953년 국회를 설치해 국민들이 자신을 대변할 수 있도록 했다. 당시 부탄의 국회의원은 총 36명이었다. 이들 중 다섯 명은 종교 대표, 16명은 임명직 정부 관리, 15명은 국민 대표였다. 1968년에는 국회 결정에 대한 왕의 거부권을 폐지하고, 의회의 반대에도 불구하고 국왕에 대한 탄핵권을 의회에 부여했다.

4대 왕은 읍면 단위에 지방 정부를 설치하고, 주민들이 대표를 직접 선출해 행정을 담당하도록 지방분권화를 추진했다. 동시에 시민들의 참여와 권한 부여, 협동적 행동을 통한 국가발전을 위해 국가와 사회의 관계에도 변화를 추구했다. 1960년대에 시작된 부탄의 근대화는 정부가 대부분의 개발 프로젝트를 기획하고 시행했으며, 백성들은 필요할 때마다 국가에 노동력을 제공했다. 그러나 1980년대 이후부터 정부는 개발 '제공자provider'에서 개발 '촉진자facilitator 혹은 안내자guide'로 역할을 전환했다. 자국민의 역량을 강화하고, 개발 작업에 국민의 적극적인 참여와 자치를 동원하기 위해 분권화를 도입한 것이다. '부탄 비전 2020'은 시민들의 요구에 부응하도록 국가의 역할을 재정립하고 있다.

우리는 사람들의 에너지와 창의력을 동원하고 기업가 정신이 번성하도록 정부의 역할을 개발 '제공자provider'에서 개발 '능력 양성자enabler'로 진취적으로 재정립해, 민간 부문이 국가의 미래 발전에 좀 더 능동적 파트너가 될 수 있도록 해야 한다. 이런 역할 재정립은 국가의 책임을 방기하는 것이 아니다. 정부는 국가의 미래 발전방향을 입안하고 …… 지역 수준에서 참여와 권한부여가 능동적으로 촉진되도록 지속적으로 노력해야 한다."

부탄 정부는 개발 프로젝트의 집행 권한을 대부분 지역 공동체에 위임했다. 물론 책임도 함께 위임했다. 민간 부문의 협력과 집단적 행동을 지원하기 위한 공공기관들을 설립했고, 1980년 이후에는 정부의 지원으로 많은 비정부기구와 시민사회가 성장했다. 부탄은 정부가 시민사회를 통해 어떻게 사회자본을 창조하고 성장을 이끌어내는지 보여주는 좋은 사례다.

부탄의 4대 왕은 2006년 왕위를 양위하고, 민주적 선거를 통해 부탄을 절대군주국에서 입헌군주국으로 전환했다. 이런 변혁은 국민들의 우려에도 불구하고 계몽군주인 4대 왕이 주도해 추진되었기 때문에, 국왕에 대한 부탄 국민들의 존경심은 굉장하다. 다시 말하지만 국왕은 사회적 안전과 유대의 가장 튼튼한 버팀목이다.

여전히 부탄 정부는 사회적 유대를 강화하기 위해 노력하고 있다. 여기에는 '드릭람 남자Driglam Namzha'가 중요한 역할을 한다('부탄의 규약'이라고 부르기도 한다). 여기서 '드릭람Driglam'이란 '질서·규율·관습·규칙' 등을 의미하고, '남자Namzha'란 '제도' 혹은 '체계'를 의미한다. 따라서 드릭람 남자는 부탄 사람이 지켜야 할 공식적인 행동 및 복장 규정dress code 등에 관한 규율(규칙)이라고 할 수 있다. 이것은 부탄사람들이 공공장소에서 어떤 옷을 입어야 하고, 공식 석상에서는 어떻게 행동해야 하는지를 규율한다.

드릭람 남자의 기원은 17세기로 거슬러 올라간다. 나왕 남걀은 부탄을 정치적으로 통일하는 것을 넘어 문화적으로 통합하려고 애썼다. 그는 종이나 사원의 건축 양식에 대한 지침을 내리고, 체추와 같은 지역 전통 축제를 장려했다. 이런 가이드라인은 부탄의 정체성 확립에 기여했다. 1989년 부탄 정부는 복장 규정을 '권장'에서 '강제'로 끌어올렸다. 이후 모든 부탄 국민은 업무 시간이나 공공장소에서는 반드시 정해진 복장(남자는 고Gho, 여자는 키라Kira라는 부탄 전통 복장)을 입도록 했다. 또한 종과 같은 신성한 성채는 설계도와 못을 사용하지 않고 짓도록 제한했다. 1998년에는 모든 건물에 반드시 다채로운 나무 문양을 그리고 작은 활 모양의 창문을 달고 경사면 지붕을 얹도록 법령을 공포했다.

부탄 사람들은 이 규약이 제시하는 사회 구성원으로서 지켜야 할 전통적 예절 규정을 따른다. 종Dzong이나 공공기관을 방문할 때 전통 스카프를 두르거나, 식사를 할 때 윗사람이나 스님이 먼저 하도록 하는 것 등이 그것이다. 그리고 결혼이나 승진처럼 축하할 일이 있을 때는 전통 스카프를 선물하다.

이런 부탄의 규약은 '개인'들 사이의 '사회'적 관계를 강조한다. 여기에는 개인과 사회의 도덕성, 정의, 평등, 국가와 사회에 대한 책무와 다른 사람에 대한 애정 등 다양한 이념들이 담겨 있다. 한편, 부탄 헌법 제9조는 "국가는 공동체 생활에서의 협동을 유도하는 조건들과 확대된 가족 구조의 완전한 모습을 촉진하기 위해 노력해야 한다"라고 규정하고 있다. 이에 입각해 부탄 정부는 국민총행복의 아홉 영역에 '공동체 활력'을 집어넣어 국민총행복의 중요한 축으로 공동체의 사회적 유대를 강조하고 있다.

메모 4

# 부탄의 집밥

### 부탄 사람들은 집에서 무엇을 먹을까

부탄 사람들은 집으로 손님을 초대하는 것을 좋아한다. 옛날에 우리가 그랬던 것처럼. 부탄에는 짧은 기간 머물렀지만, 서민 가정부터 최고위층 사람의 가정까지 다양한 부탄 가정에 초대를 받았다. 부탄 사람들은 집에서 무엇을 먹을까. 정확히 말하자면, 손님을 초대하면 어떤 음식을 대접할까?

풀바는 내가 동부 지방 여행을 할 때 도와줬던 운전기사 겸 가이드였다. 호텔에서 일하는 부인과 초등학교 4학년, 6학년 두 딸과 함께 산다. 풀바는 고등학교를 졸업하고 14년간 관광 회사에 다녔는데, 지난봄에 일을 그만두고 융자를 받아 중고차(한국 자동차 '투싼')를 구입해서 운전기사 겸 가이드로 생활한다. 부탄에서는 중고차의 가격이 매우 비싸다. 2년 전부터 자동차의 수입 관세가 35%에서 100%로 올랐기 때문이다. 풀바가 타는 차량은 원주인이 2008년에 35%의 관세를 포함해 75만 눌트룸에 구입한 차

부탄의 가정식.

였다. 그 차량을 풀바가 이번에 80만 눌트룸에 구입해서 50만 눌트룸을 들여 새로 수리해 사용하고 있다. 저녁밥이나 사줄까 해서 만났더니 느닷없이 자기 집으로 가잔다. 부인에게 이미 말해뒀단다. 갑작스러운 일이라 아무 준비도 못 했기에 내가 먹으려고 산 망고와 바나나를 선물로 들고 갔다. 미리 알았더라면 한국 김이라도 나눠주는 건데.

저녁 5시 30분에 도착했더니 부인과 두 딸 그리고 조카가 반갑게 맞아준다. 부탄의 자녀 교육에 대해 이야기하며 30분을 기다리니 맥주와 계란 오믈렛을 내온다. 부엌에서는 풀바의 부인이 열심히 음식을 만든다. 그렇게 1시간 30분을 기다리니 음식 준비가 다 되었다고 상을 차린다. 주메뉴는 닭고기 튀김이다. 두부와 콩을 볶은 요리, 무말랭이 무침, 오이와 상추, 야채 수프, 버터와 밥이 나온다. 아니, 이걸 준비하느라고 2시간이나 부엌에서 지지고 볶았단 말인가. 소박하지만 정갈한 밥상이다. 정성이 듬뿍 들어간 상차림이다. 부탄의 서민 가정집에서는 보통 치즈로 볶은 칠리(고추)에 밥을 섞어 손으로 먹는 게 일반적이다. 평소와는 달리 손님을 위해 특별한 상을 준비하려니 시간이 많이 걸릴 수밖에 없다.

풀바가 사는 곳은 팀푸 시내에서 15분 정도 떨어진 외곽 주거지다. 얼마 전까지 논이었던 곳인데 주택지로 바뀌었다. 풀바의 아파트는 방 두 개, 거실·부엌·화장실 각 한 개로 구성되어 있었다. 한국으로 치면 15평 정도 아파트가 아닐까. 이곳의 월세가 8000눌트룸(약 15만 원)인데, 이는 하급직 노동자의 월급에 해당하는 금액이니 꽤 비싼 편이다. 수도 팀푸는 갑자기 늘어나기 시작한 인구로 주택 문제가 날로 심각해지고 있다. 집을 나오면서 두 딸에게 용돈을 줬더니 한사코 받지 않으려고 한다. 어릴 적 내 모습이 생각났다. 결국 수줍어하면서 받아주니 내가 고마웠다.

스리자나는 내 세 차례 부탄 여행을 도와준 여행사 사장이다. 그녀는 나를 자기 집에 두 차례 초대했다. 그녀의 집은 팀푸 중심가에서 자동차로 30분 정도 떨어진 신흥 주택가에 있다. 2013년 처음 초대를 받았을 때, 그녀는 아직 결혼을 하지 않은 상태라 부모님과 함께 살고 있었다. 2015년 두 번째 초대를 받았을 때 그녀는 결혼해 갓난쟁이를 두고 있었지만 여전히 전처럼 부모님의 집에서 함께 살고 있다. 불교 전통에 따라 결혼 후 남자가 여자 집에 들어와 사는 것이다. 부탄에서는 상속도 여자 중심으로 이뤄진다. 스리자나의 아버지는 부탄 세관의 국장급 관리였는데 건강을 이유로 조기 은퇴하고, 수도 팀푸에서 약간 떨어진 곳에 아파트를 지어 임대 수입으로 생활하고 있다. 그의 집은 4층인데, 3층까지 여섯 채를 한 채에 8000눌트룸을 받고 임대하고 있다. 자신은 4층의 두 채를 터서 사용하고 있다. 나를 초대한 날은 마침 아버지의 생일이라 형제와 친척이 모두 모여 함께 식사하고 생일 축하 노래를 부르며 케이크도 잘랐다. 우리나라처럼 부탄도 서구의 생일 축하 풍습을 닮아가고 있다.

부탄에서는 식사 전에 먼저 술을 마신다. 부탄 최고의 위스키 'K5'와 맥주, 부탄 전통술 아라 등이 나왔다. 음식은 뷔페 스타일로 돼지고기 절임, 소고기 육포 무침, 아스파라가스와 채소 볶음 요리, 수프, 쌀밥 등 부탄의 전통 음식을 준비했다. 스리자나의 집에 도착한 것이 저녁 7시 30분경이고 저녁 9시부터 저녁을 먹기 시작해 저녁 10시가 다 되어서야 끝났다(부탄 가정에서는 보통 9시쯤 저녁을 먹는다). 나는 우리나라 소주, 김 등을 선물로 준비했다. 재밌는 것은 부탄에서는 모든 사람이 형제, 자매라는 점이다.

조금 멀면 사촌이고 아예 남이어도 친구다. 그날 나를 스리자나의 집으로 안내하고 귀가를 도와준 사람은 분명 서로 다른 피를 지닌 자매였다. 그렇지만 나는 그들의 혈연관계를 정확히 파악할 수 없었다. 그게 중요하다고 느끼지 않았기 때문이다.

부탄연구소 소장 카르마 우라는 영국의 옥스퍼드 대학 출신으로 부탄의 국민총행복정책을 이론화한 부탄 최고의 엘리트다. 그는 4대 왕으로부터 'Dasho' 칭호를 받은 귀족이다. 'Dasho'는 영어로 'Lord'에 해당하는 부탄어로 부탄에서 왕이 내릴 수 있는 가장 높은 작위다. 그는 경제학자이면서 동시에 예술가다. 불교 관련 그림을 그리고 라마승이 쓰는 지팡이를 만드는데 모두 매우 고가에 팔린다고 한다. 그의 집은 부탄 장관의 공관이 있는 곳과 가까운 곳에 있다. 방이 여덟 개인데, 서재·응접실·식당 등으로 이루어져 있다. 화려하지는 않으나 훌륭한 집이다. 여기에서 부인과 인도의 고등학교에 유학 중인 두 딸과 생활하고 있다. 우라 소장은 나를 점심에 집으로 초대했는데, 나뿐 아니라 네덜란드 승려 두 사람도 함께 초대했다. 정확히 말하면 원래 두 사람이 초대를 받았는데 어부지리로 나도 함께 가게 된 것이다. 네덜란드 승려 두 명은 모두 일본의 '선禪'을 수행을 하는 사람들이었다. 그중 한 사람은 어느 네덜란드 기업의 간부였는데 부탄에 이런저런 도움을 주는 사람인 것 같았다.

그날 나온 요리는 이런 것들이었다. 치즈와 비스킷, 차가 식전 요리로 나온다. 이어서 송이버섯 무침, 삶은 계란, 치즈와 버무린 칠리, 야채 무침, 아스파라가스와 두부와 치즈를 볶은 요리, 붉은 밥이 나왔다. 음식의 질도 높았지만, 그중에서도 송이버섯 요리가 압권이었다. 미안하지만 우리나라 송

부탄연구소 우라 소장과의 집밥 한 끼.

이버섯하고는 차원이 다르다. 부탄의 송이버섯은 질이 좋기로 유명한데, 일본 등으로 수출하고 있고 부탄에서도 비싸게 팔린다.

　우라 소장은 부탄 중부의 아름다운 우라 마을 출신이다 그의 이름도 마을 이름에서 따온 것이다. 그의 고향은 송이버섯 산지로 유명한데 넉넉하게 구해다가 저장해놓은 뒤 1년 내내 먹는다고 한다. 내가 초대를 받은 날이 마침 부처님 오신 날이라 육류는 나오지 않았다. 부탄에서는 불교 관련 날과 음력 1월과 음력 4월에는 살생을 금지하기 때문에, 그 기간에는 고기와 물고기를 가게에서 팔지 않는다.

# 부탄의
# 초강력 금연 정책

부탄을 처음 방문했을 때, 그러니까 2011년 10월 일행 중에 담배를 피우는 사람이 두 명 있었다. 이들은 부탄에 들어가기 전에 담배 때문에 안절부절못했다. 부탄에는 담배를 갖고 들어갈 수도 없고, 피울 수도 없다. 그들은 도대체 어떻게 하느냐고 걱정이 태산이었다. 용기를 내 담배를 한 보루씩 몰래 갖고 들어갔다. 도착한 첫날 밤 두 사람은 담배를 피우려고 호텔 바깥을 나갔다가 기겁하고 돌아왔다. 담배를 피우려고 하는데, 웬 젊은 애가 담배를 하나 달라고 하더란다. 금연국가라고 해서 잔뜩 긴장했는데, 막상 거리에서 부탄 사람이 담배를 달라고 하자 맥이 빠졌다. 그때 나는 이런 생각을 했다. '부탄, 이거 순 엉터리인데?'

며칠 뒤 부탄 젊은이들이 주로 가는 (한국의 1970년대식) 디스코텍에 갔다. 장관이었다. 흡연실 주변은 한마디로 너구리굴이었다. 잘 보니 우리 가이드도 담배를 피우고 있었다. 심지어 여행사 여사장도 담배를 피우는 게 아닌가. 나중에 들어보니 높은 지위에 있는 사람이 담배를 더 자유롭게 피운단다.

이게 어찌된 일인가. 한마디로 정보의 오류다. 부탄이 세계 최초로, 그리고 세계에서 유일하게 전 국토를 금연구역으로 설정했다고 하는 소문은 한국에 잘못 알려진 헛소문이었다. 부탄은 담배를 피우는 것 자체를 금지하지는 않는다. 다만, 여러 사람이 모이는 공공장소에서는 흡연을 금지하고 있다. 시장·호텔 로비·식당·술집과 같은 상업적 장소는 물론이고, 디스코텍과 극장과 같은 레크리에이션 장소와 운동장, 공적·사적 기관 및 사무실, 버스나 택시 정거장과 공항처럼 대중이 모이는 곳, 모든 대중교통시설 내부, 그 밖에 담배규제위원회가 정한 모든 곳에서는 담배를 피우면 안 된다.

심지어 부탄 정부는 2005년 담배 판매를 금지했다. 그러나 담배가 암시장에서 널리 유통되자, 2010년 6월 담배 및 담배 가공품의 재배·수확·제조·공급·배포·판매와 구입을 금지하는 '담배규제법'을 선포했다. 이 법에 따라 부탄 사람들은 개인적으로 담배나 담배 가공품을 수입할 때 관세와 세금을 국가에 지불해야 한다. 세금을 낸다고 얼마든지 구입할 수 있는 것도 아니다. 담배규제위원회가 정한 범위 안에서만 담배를 수입할 수 있다. 따라서 부탄에 담배를 갖고 들어가려는 사람들은 세금영수증을 반드시 지참해야 하고, 세관원이 요구하면 영수증을 즉시 제출해야 한다.

하지만 부탄의 세관검사는 실제로는 매우 느슨한 편이다. 이 법은 담배에 관한 광고, 흡연을 장려하거나 후원하는 행위 등을 엄격하게 금지한다. 비디오나 영화에 담배가 나오는 것도 규제 대상이다.

이 법은 담배를 불법적으로 소지하고 있는 것으로 의심이 되는 사람에 대해 정부 당국자가 가택수색 영장을 갖고 공적인 공간에서 의심자를 검사할 권한을 부여하고 있다. 담배 소지 의심 차량에 대해서는 영장 없이 검문·검색할 권한도 부여했다. 담배규제법은 이런 채찍과 함께 흡연자들을 대상으로 상담과 치료를 제공하도록 장려한다. 이는 GNH에서 매우 중요한 요소인 육체적·정신적·사회적 건강에 나쁜 영향을 미치는 담배 소비와 흡연 노출을 막기 위한 정부의 노력이다.

그러나 이 법은 엄격한 규제와 가혹한 처벌로 인해 일반 사람들의 비난을 받고 있다. 부탄 의회는 담배의 판매와 배포는 여전히 금지하면서도 담배의 소지 허용량을 대폭 늘리고 벌칙을 완화하는 법 개정을 2012년 추진했다. 개인 소비를 위한 담배의 한 달 최대 구매량을 200개비에서 300개비로 늘렸다. 잎담배bidi는 200개비에서 400개비로 늘렸다. 시가cigar는 30개비에서 50개비로 늘렸다. 기타 담배 가공품은 50g에서 150g으로 늘렸다. 그러나 여전히 매우 강력한 처벌 규정을 담고 있다. 이때 구매자는 판매세 100%를 정부에 지불해야 한다. 인도가 아닌 나라에서 수입하는 경우에는 판매세 100%와 관세 100%를 지불해야 한다. 허용치 범위 안이더라도, 세금을 납부하지 않고 담배를 수입할 경우 벌금 1만 눌트룸(약 18만 원)을 부과한다. 허용치를 초과하는 양을 소지했을 경우 그 양이 허용치의 3배 이하면 경범죄로 처벌된다. 최소 1개월, 최장 1년 징역이다. 3배 초과, 4배 미만이면 1~3년 징역을 받는다. 4배보다 많으면 중범죄로 3~5년의 징역을 받는다.

부탄의 담배규제법은 얼마나 잘 작동하고 있을까. 담배규제법에 의해 부탄에선 담배의 암매매가 상당히 줄고 흡연율도 떨어진 것으로 나타나고 있다. 담배규제법에 의해 체포되어 처벌을 받은 사람들도 적지 않다. 이들 중에는 청소년도 상당히 많이 있다. 부탄 경찰의 발표에 따르면 2014년에 마약·불법약물 등과 관련해 체포된 사람이 950명이며, 이 가운데 58%가 청소년이라고 한다. 청소년 담배 및 마약 문제는 부탄의 가장 큰 사회적 문제 중 하나다. 부탄의 흡연율은 여전히 10%를 약간 상회하는 수준이다(한국은 25% 수준). 물론 추정이다. 암시장에서 거래되는 담배의 수가 적지 않다고 한다. 가격은 원래 가격의 2배 수준이라고 한다. 여전히 부탄 국민 중 일부는 정부의 담배규제법에 대해 격렬한 불만을 나타낸다. 하지만 부탄의 담배규제는 비교적 잘 시행되고 있다. 이제 공공장소나 길거리에서 담배를 피우는 사람을 찾아보기란 쉽지 않다. 더욱이 한국처럼 자동차를 운전하면서 담배를 피우다가 도로나 거리에 꽁초를 버리는 짓은 상상조차 할 수 없다.

---

# 3부

# 부탄이
# 넘어야 할
# 과제

**흔들리는**

**전통적 가치관과**

**사회적 유대**

01

# 막 걸음마를 뗀
# 부탄의 민주주의

부탄은 의원내각제를 채택하고 있다. 의회는 양원제다. 2008년 최초로 민주적인 방식으로 국회의원 선거를 실시했고, 2013년에 두 번째 선거가 있었다. 상원은 25명으로 구성되는데, 이 가운데 20명은 종카그에서 각 한 명씩 대표자를 선출한다. 이들은 정당에 소속되지 않는다. 나머지 다섯 명은 왕이 임명한다. 하원은 20개 종카그에서 유권자 수에 따라 최소 두 명에서 최대 일곱 명까지 뽑을 수 있으며, 총 하원 수는 최대 55명까지만 구성할 수 있도록 헌법이 정하고 있다. 2013년 선거에서는 종카그당 최소 두 명에서 최대 다섯 명을 선출해 총 하원의원 47명을 뽑았다. 이들은 당적을 갖는다.

부탄의 선거에서 흥미로운 것은, 선출 의원의 숫자를 결정하는 유권자 숫자가 '거주 인구'가 아니라 '등록 인구'라는 점이다.

부탄 사람들은 이농을 하더라도 자신 소유의 토지를 기존 거주지에 그대로 두고 가기 때문에 등록지를 바꾸지 않는다. 수도 팀푸를 포함해 부탄의 거의 모든 도시 지역에는 이주 인구가 많기 때문에 실제 거주하고 있는 인구에 비해 등록 인구가 매우 적어 선출 의원의 수가 적다.

예를 들어, 수도 팀푸에는 10만 명이 넘는 사람이 살고 있지만 등록 인구는 7000명에 불과해서 선출 의원의 수는 부탄에서 가장 적은 두 명에 지나지 않는다. 반면에 실제 거주 인구가 훨씬 적은 타시강의 선출 의원 수는 다섯 명이다.

부탄의 헌법은 다당제를 허용하고 있으나, 실제 부탄의 국회(하원)는 안정적인 정부 운영을 위해 양당제로 운영되고 있다. 하원의원 선거는 두 단계를 거쳐 치러진다. 우선 하원의원 선거에 참여할 의사가 있는 정당은 선거관리위원회에 등록해 승인을 받으면, 선거에 참여 신청을 한 정당들에 대한 지지도를 파악하기 위해 여론조사 방식의 예비투표를 실시한다. 이 조사에서 가장 많은 표를 얻은 정당 두 개가 본선에서 각 종카그에 후보를 내고 다툰다.

2013년 선거는 부탄평화와번영당DPT과 인민민주당PDP과 나머지 정당 두 개가 참여해 예비투표를 했다. 예비투표에는 전체 유권자의 55.3%가 참여했다. 당시 여당이었던 DPT가 44.52%, 야당인 PDP가 32.53%를 차지하고 나머지 두 정당이 22.9%를 차지해 DPT와 PDP가 본선에 진출했다. 본선에서는 예선보다 많은 유

2013년 국회의원 선거 당시 투표 참여를 독려하는 포스터.

권자가 투표에 참여했는데(투표율 66.3%), 투표 결과는 예선의 여론조사 결과와는 달리 야당인 PDP가 54.88%, 여당인 DPT가 45.12%를 차지했다. 총 47석 가운데 PDP가 32석, DPT가 15석을 차지해 정권이 교체되었다. 이는 사전 여론조사에서 DPT와 PDP가 아닌 나머지 두 정당을 지지했던 유권자들이 야당인 PDP 후보에 투표했기 때문이다. 이는 약 80%라는 높은 투표율을 보였던 2008년 부탄 최초 선거에서 여당 DPT가 지지율 67%로 47석 가운데 45석을 독식한 것에 비하면 놀라운 결과였다. 부탄 사람들은 정권 교체의 원인을 2012년의 외환위기, 집권당의 부패, 국왕과의 갈등 등 세 가지로 설명한다.

거주지와 등록지가 일치하지 않아 지역별 유권자 수를 정확히 파악할 수 없고, 교통과 도로 사정이 열악해 국민들이 투표에 참여하는 것조차 쉽지 않다. 직접투표를 하기 위해서는 며칠씩 걸려 투표소에 가야 할 수도 있다. 이런 문제를 해결하기 위해 직접투표 이외에 우편투표를 실시하고 있으나 투표자의 80% 이상은 여전히 직접투표에 참여한다. 이는 투표가 국민의 기본권이자 의무라는 것을 부단히 교육한 결과이다. 부탄의 선거는 자유공명선거로 치러지고 있으며 선거 후유증도 거의 없다.

하지만 부탄의 민주주의 정치에는 아직 미흡한 점도 있다. 부탄은 비례대표제를 도입하지 않고 있고 실질적으로는 양당제를 채택함으로써 소수당의 의회 진입을 막고 있다. 정국의 안정적 운영을 위해서라고 하지만, 승자 독식 소선구제로 인해 국민의 다양한 목소리가 반영되지 못하고 있다. 부탄의 선거 제도는 여전히 개선할 점이 적지 않지만 교육 수준의 급속한 진전과 더불어 민주 국가로 빠르게 발전하고 있다.

# 부탄은 다인종·다문화 국가
부탄의 난민 문제와 제3국 정착

부탄은 북쪽으로는 티베트와, 남쪽과 동쪽과 서쪽으로는 인도와 국경을 접하고 있다. 부탄의 남쪽 지역은 해발고도 200m 아열대 지대이며 북쪽 지역은 해발고도 7400m 산악지대로 이루어져 있어, 다양한 기후와 생태 환경을 간직하고 있다. 이런 지정학적 위치와 지형 특징 때문에, 부탄은 인구 77만 명(2015년)이 채 되지 않는 작은 나라임에도 서로 다른 언어를 사용하는 다양한 민족이 모인 다인종·다문화 국가이다.

부탄인은 인종별로 크게 네 개 집단으로 구성되어 있는데, 나롭Ngalop, 샤르춥Sharchop, 원주민 부족Indigenous and tribal group, 롯샴파Lhotshampa이다. 하지만 어느 집단도 압도적 우위를 점하지는 못하고 있다. 1980년 말 부탄 정부의 공식 통계에 의하면 나롭과 샤르춥 그리고 원주민 부족이 전체 부탄 인구의 약 72%를 점하고, 롯샴파가 나머지 28%를 차지한다고 한다. 그러나 미국의 CIA는 나롭과 샤르촙이 50%, 원주민 부족이 15% 정도를 차지한다고 발표했다.

나롭은 티베트 이주민이다. 티베트 문화와 불교를 도입한 사람들이며 이들은 서부와 북부에 주로 거주하며 문화적·정치적으로 지배적인 위치에 있고 그들이 사용하는 언어인 종카가 현재 부탄의 국어로 지정되어 있다.

'동쪽 사람'이라는 뜻의 샤르촙은 티베트와 동남아 혈통이 섞인 부탄 사람들인데 주로 부탄의 동쪽에 산다. 부탄 최대의 인종 집단이지만 티베트-나롭Tibetan-Ngalop 문화에 동화되었고 언어 역시 티베트-버마어Tshangla를 사용한다. 하지만 이들이 주로 사는 지역은 인도와 가까워서 일부는 아삼어나 힌두어를 사용한다.

원주민 부족은 부탄 여기저기에 흩어져 살고 있는데 이들은 문화·언어학적으로 봤을 때 인도의 아삼Assam, 서뱅갈West Bengal 지역 출신으로 볼 수 있다. 이들은 힌두교의 계급에 입각한 결혼 제도를 받아들인다.

'남쪽 사람'이라는 뜻의 롯샴파는 대부분 네팔 출신으로 부탄 남쪽에 거주한다. 1980년대 말 부탄 공식 통계에 따르면 전체 인구의 28%를 점한다고는 하나, 비공식적 추계로는 인구의 30~40%를 차지하고 있다고 한다. 1988년 인구센서스에 의하면 당시 45%를 점했다는 의견도 있다. 그러나 1980년대 말 부탄 정부의 인종 동화 정책에 의해 이들 중 약 10만 명이 네팔 난민 캠프로 추방되어 정확한 숫자는 알 수 없다. 롯샴파는 일반적으로 힌두교 신자로 분류되지만 티베트 불교를 믿는 사람도 적지 않다. 힌두교를 믿든 불교를 믿든 이들은 고기를 전혀 먹지 않는 채식주의자들이다.

인종이 다양한 것과 마찬가지로 언어도 다양하다. 부탄은 53개 티베트어 중 하나인 종카를 국어로 채택하고 있지만, 네팔어 외에도 24개의 언어를 사용하고 있다. 종카는 인구의 25%만 사용하는 언어이고, 그보다 훨씬 더 많은 샤르촙이 티베트-버마어를 사용하고, 네팔어를 사용하는 사람도 부탄 국민의 40%에 달한다. 학교에서는 종카를 국어로 가르치지만 모든 수업은 영어로 진행된다. 부탄 사람의 3분의 2에서 4분의 3은 불교 신자이며 부탄의 국교역시 불교다. 나머지 3분의 1에서 4분의 1은 힌두교를 믿고 있다. 부탄 사람 중 1%만이 다른 종교를 믿고 있다.

이처럼 다양한 인종과 다양한 문화가 혼재된 부탄의 사회 구조는 한국에는 잘 알려지지 않았지만 국제사회에서 그동안 커다란 문제가 되어온 갈등을 야기했다. 바로 난민 문제다. 부탄 난민이란 부탄에서 강제로 쫓겨나거나 자발적으로 피난을 간 사람들인데, 이들은 한때 약 10만 7000명(부탄 인구의 약 7분의 1)에 달했다. 그렇다면 누가 난민이 되었는가? 부탄 난민의 거의 대부분은 부탄에 넘어와 살고 있는 네팔인이다. 부탄과 네팔은 국경을 맞대고 있지는 않고 있으나, 인도의 시킴Sikkim 주를 사이에 두고 있다. 네팔인이 부탄에 살기 시작한 것은 역사적으로 보면, 1620년경

나왕 남걀이 아버지의 유골을 안치할 은탑Silver Stupa을 건립하기 위해 네팔의 카트만두 계곡에 있던 장인들을 불러오면서 시작되었다.

그 후 네팔인은 아직 사람들이 살지 않고 있던 부탄의 남쪽 지역으로 이주해 농사를 지으며 살기 시작했으며, 부탄의 식량 공급에 중요한 역할을 담당했다. 어느 영국 식민지 관료의 기록에 의하면 1930년대 부탄에 살고 있는 네팔인의 숫자가 무려 6만 명에 달했다고 한다. 이처럼 네팔 이주자가 많았던 이유 중 하나는 부탄 남부의 행정을 담당하고 있던 부탄의 한 가문이 조세 징수 목적으로 네팔인의 이주를 장려했기 때문이다.

부탄 내부에 네팔인의 수가 많아지면서 부탄 사람과 네팔 사람 사이에 인종 갈등이 점점 심각해졌다. 부탄 정부는 1958년 '시민권법'을 제정해 1958년 이전부터 10년 이상 거주한 사람에게만 시민권을 주는 한편, 추가 이민을 전면 금지했다. 그러나 부탄은 1962년부터 인도의 도움으로 5개년 발전계획을 수립하고 대규모 사회간접자본을 건설하면서 노동력 부족에 직면한 상태였다. 특히 인도 국경 도시인 푼초링과 수도 팀푸를 잇는 182km의 하이웨이 공사를 2년 안에 끝내기 위해 엄청나게 많은 노동자를 인도로부터 받아들였다. 이들 중 절대 다수가 네팔인이었다. 이렇게 부탄 남부 지역에 네팔인 이주 노동자 집단이 대규모로 정착하게 되었다. 참고로 부탄에는 1990년까지만 해도 네팔 이민자들에 대한 검문소도 없었다. 이민 사무소 같은 것도 없었으므로 네팔인은 아무런 제약 없이 부탄을 자유롭게 왕래할 수 있었다.

1980년대에 부탄 정부는 크고 넓게 존재하는 네팔 이주자들이 부탄 사회에서 정치적·문화적으로 편입되지 못하고 있다는 사실을 인식했다. 정부는 네팔인을 부탄 사회에 동화시키기 위해 부탄 여성과의 결혼을 장려하고, 심지어 돈을 지급하는 등 동화 정책을 실시했으나 모두 실패했다. 급기야 네팔인이 다수 거주하는 네팔·다즐링Darjeeling·칼림퐁Kalimpong 등에서 '대네팔 운동Great Nepal Movement'이 일어나기까지 했다. 부탄 정부는 위기를 느끼기 시작했다. 특히 1975년에는 네팔인이 많이 살고 있던 시킴 왕국(시킴주)이 투표로 무너져 인도에 합병되는 것을 목격했기 때문에 그런 일이 되풀이될까 두려웠다. 이에 부탄 정부는 1980년대부터 부탄 문화의 정체성을 강화하는 한편, 1989년에는 소위 '한 국가 한 인민One Nation One People' 정책을 통해 다른 인종의 시민권자들을 부탄 사회에 끌어들이려고 노력했다. 이를 위해 드리람 남자(부탄의 규약)를 모든 부탄 국민에게 강요했으며 공공장소에서는 북부 부탄 사람(나룝)의 의상을 반드시 착용하고 종카를 사용하도록 강제했다. 네팔어는 학교에서 사용이 금지되었다.

하지만 이런 부탄의 문화 동화 정책은 네팔 출신 이민자들의 강력한 반발에 부딪쳤고 인권 침해 논란까지 불러왔다. 부탄에 살고 있는 네팔인뿐 아니라 부탄을 떠나 네팔이나 인도에 살고 있던 사람들까지 가세해 부탄 정부에 저항했다. 반부탄 정부 지도자들은 부탄 국왕의 모든 조치와 행위를 '문화 탄압'으로 규정

부탄의 전통 복장을 착용할 것을 권하는 안내판.

하고, 부탄 정부가 인권을 탄압하고 출판 및 언론의 자유와 집회 및 결사의 자유를 침해하며 노동자의 권리를 훼손했다고 국제 사회에 고발했다. 1980년대부터 심화하기 시작한 인종 갈등은 종종 무력 충돌로도 나타났고 1990년대 초에는 최악의 사태로 치달았다.

1990년 2월 반정부 활동가들이 원격 폭탄으로 푼초링에 있는 부탄 군용차 일곱 대를 폭파하는 사건이 발생했다. 1990년 9월에는 비합법 정당인 '부탄인민당'이 조직한 남녀 시위대가 부탄 군대와 충돌했다. 부탄 정부는 부탄인민당을 '네팔의회당'과 '네팔공산당'이 지원하는 테러 조직으로 낙인찍었다. 부탄인민당은 당원들에게 총·칼·수제 수류탄 등을 지급한 뒤 부탄 남부 마을을 습격해 부탄 전통 복장을 한 사람들의 옷을 벗기고, 돈을 빼앗으라고 시켰다. 강도와 납치까지 허용했다. 이런 충돌로 인해 300명 이상이 죽고, 500명 이상이 부상을 당했으며, 2000명 이상이 체포되었다. 납치, 강탈, 자동차 탈취, 폭탄 테러 등이 일어났고 학교가 폐쇄되었다. 우체국과 경찰서, 보건소 등 관공서가 파괴되었다. 결국 국제엠네스티와 국제인권위원회UNCHR 등이 개입하기에 이르렀으나, 1992년 인종 갈등이 다시 점화하는 등 아직까지 내홍을 겪고 있다.

이런 인종 갈등으로 인해 많은 네팔 사람이 부탄에서 쫓겨나 네팔 난민 캠프에서 생활하기 시작했다. 1996년에는 네팔 난민 캠프에 10만 명 이상이 살고 있었다. 난민 문제를 해결하기 위해 부탄 정부와 네팔 정부가 협의했지만 뚜렷한 성과를 거두지 못했다. 유엔난민기구<sup>UNHCR</sup>와 국제이주기구<sup>IOM</sup>는 부탄 난민을 제3국에 정착시키기 위해 노력했다. 미국이 약 6만 명을, 호주·캐나다·네덜란드·덴마크·노르웨이 등이 약 1만 명씩을 받아들이기로 하면서 부탄 난민 문제는 해결의 실마리를 찾았다. 현재 난민 약 8만 명이 제3국에 정착했고, 약 2만 명이 제3국으로 나가기 위해 준비하고 있다.

메모 5

# 부탄에 사는 한국인들

## 부탄에서 만난 세 여인

2011년 처음 부탄을 방문했을 때 여행사에 한국어 가이드를 소개해달라고 했다. 한국어를 잘 하느냐고 물었더니 부탄에서 유일하게 한국어를 할 줄 아는 가이드인데 한국어 실력이 우수하다고 했다. 그의 이름은 김산이었다. 가이드 김산은 제주도에서 1년간 유학했다고 하는데, 결론부터 말하자면 한국어로는 전혀 소통이 되지 않았다. 공학을 전공해서 실험실에만 있었기 때문에 한국어는 제대로 배우지 못했다는 것이다. 더욱이 한국에서 부탄에 돌아온 게 2007년이니 그나마 배운 한국어도 다 잊어버렸다고 한다. 그는 여행에 거의 도움이 되지 않았다. 여행사가 거짓말을 한 것일까? 그건 아닌 것 같다. 당시 부탄에는 한국에서 온 여행객이 없었으니 가이드 김산의 한국어 실력을 검증할 기회가 없었을 것이다.

결국 여행사가 수소문해 부탄에서 유일한 사립 대학인 팀푸 대학Royal Thimphu College에 다니는 한국인 유학생 한 명을 찾아냈다. 충청남도 보령의

장고도長古島에서 온 섬 총각으로 이름은 강믿음 군이었다. 부탄에서 7년째 유학 중인데 2012년에 대학을 졸업한 뒤 군 복무를 위해 한국에 돌아갈 예정이라고 했다(강 군은 귀국해 군에 입대했다). 강 군이 어떤 경위로 부탄에서 조기 유학을 하게 되었는지는 자세히 듣지 못했다. 강 군의 말에 따르면 그 무렵 팀푸에 살고 있는 한국인은 자기가 유일했고, 푸나카의 고등학교에 다니는 한국 학생이 몇 명 있었다고 한다. 당시에는 하버드 대학 같은 미국의 일류 대학에서 의무적으로 개도국 학생을 받도록 되어 있었는데, 그걸 노리고 한국인 학생들도 어렸을 때부터 부탄에 유학을 와 공부를 하고 있다는 것이었다. 나는 그 이야기를 듣고 한국 학부모들의 치맛바람에 기겁했다. 게다가 부탄은 모든 수업을 영어로 진행하기 때문에 자녀에게 조기에 영어를 공부시키려는 부모님들에게는 매우 매력적인 유학지였다.

2015년 2개월간 부탄에 체류하면서 부탄에 살고 있는 한국인 세 명과 교류했다. 모두 외국인과 결혼한 여성들이었다. 가장 나이가 많은 양 선생은 세계은행에 근무할 때 미국인 남편을 만났다. 둘 다 산을 좋아해 등산을 하러 갔다가 우연히 만나 결혼하게 되었다고 한다. 정년퇴직을 하고 부부가 택한 나라는 부탄. 트레킹하기 좋은 곳에서 살기로 하고 부탄을 선택한 것이다. 남편은 미국 농업성의 연구소에서 근무한 경험이 있어 1년간 부탄 농무성의 자문관을 맡고 있는데, 계약기간이 끝나면 미국으로 돌아갈 예정이라고 했다. 사람 좋은 양 선생은 혼자 있는 나를 안쓰러워해, 가끔 집으로 식사 초대할 만큼 마음씨 좋은 분이었다. 요리 솜씨가 특별히 좋지 않음에도 집으로 초대해 내게 음식을 대접해줬다. 그래서 더 고마웠다. 그런데 양 선생과 남편은 식성이 전혀 다르다. 양 선생은 반드시 밥을 먹어야 하고

(그것도 한국식으로), 남편은 가리지 않고 잘 먹지만 그래도 양식을 선호한다. 나를 초대하면 나와 양 선생의 먹거리와 남편의 먹거리를 따로 차리는 경우가 많았다. 이렇게 서로 다른 음식 문화를 갖고 있으면서도 수십 년간 아들딸 낳고 손자까지 거느리고 행복하게 사는 모습이 참으로 보기 좋았다. 양 선생은 나와 함께 트레킹을 갔다가 식중독에 걸려 장염으로 크게 고생한 적이 있는데, 당시 나은 지 얼마 되지 않아 또 트레킹을 갈 만큼 산을 좋아한다.

또 한 여인은 독일 유학 중에 만난 남편과 함께 부탄에 살고 있는 김 작가다. 그녀의 남편은 독일의 보험 회사에 근무하는데, 그 회사가 지원하는 부탄의 공익재단에 2년간 자문역으로 파견되었다. 그녀는 매우 개성이 강하지만 다른 사람에 대한 배려심이 많아 사람을 사귀는 재주가 뛰어나다. 그녀의 글에는 부탄에 있는 보통 사람들의 모습이 생생하게 담겨 있다. 그녀도 양 선생과 마찬가지로 끼니마다 밥을 먹지 않으면 안 된다. 반면, 남편은 양 선생의 표현을 빌리자면, 빵을 향한 '지조'가 있다. 아침에 밥을 먹으면 속이 더부룩하다고 거북하단다. 결국 각자 먹고 싶은 것을 택해 분쟁(?)을 조정한다고 한다. 하지만 먹거리를 둘러싼 갈등이 완전히 해결된 것 같지는 않다.

두 여인이 한국 음식을 그리워하기에 이번엔 내 집으로 초대했다. 내 집에는 비장의 무기인 된장과 김치, 김, 깻잎 장아찌가 있었다. 부탄 농민시장에서 산 각종 야채와 비싼 일본식 두부를 넣어 된장찌개를 끓였다. 맛이 괜찮았는지는 잘 모르겠지만, 커다란 냄비 하나를 다 비웠다. 조금 남겨서 며칠 먹을 요량으로 넉넉하게 끓였는데도 불구하고 말이다. 맛있게 먹어주니

부탄 한식당에서 판매되고 있는 한국 요리.

그저 고마웠다. 문을 나서는 두 여인에게 된장과 고추장, 김 등을 나눠줬다. 양 선생의 남편도 함께 와서 맛있게 먹고 갔다. 된장찌개나 김치 같은 한국 음식을 별로 좋아하지 않는 김 작가의 남편은 오지 않았다. 아쉬웠다.

마지막으로, 연지 씨는 부탄에서 유일한 한식당을 경영하고 있는 안주인이다. 식당은 팀푸에 있다. 그녀는 2006년 인도에 심리학 전공으로 유학을 갔다가 지금의 남편을 만나 연애결혼을 했다. 아직 정식 결혼식을 올리지 않아 부모님들이 걱정하시지만, 연지 씨 어머니가 1년에 한 번 정도는 부탄에 오셔서 1~2개월씩 함께 생활한다고 한다. 2011년 봄에 부탄으로 와서 작은 카페를 운영하다가 2013년 무렵에 지금의 식당으로 옮겼다. 그녀가 운영한 한식당 '산마루'는 규모가 제법 크고 디자인도 꽤 세련된 깨끗한 식당이다. 그녀는 키가 훤칠한 미녀인데 붙임성이 좋고 친절하다. 주방에 부탄 요리사를 보조로 두고 있지만 식재료 조달부터 요리까지 모두 그녀가 직접 담당하고 있다. 남편은 카운터를 보면서 아내를 돕는다. 주위 사람 모두 두 사람이 아주 성실하고 금실이 좋다고 평한다.

부탄에 근무하는 어느 외교관의 말에 따르면 부탄의 외국인 식당 중에서 제대로 되는 곳은 한식당밖에 없다고 한다. 음식값은 부탄의 소득 수준을 생각하면 상당히 비싼 편이다. 산마루에서 가장 비싸면서 인기 있는 메뉴는 역시 삼겹살이다. 한국의 식당과 유사하게 상을 낸다. 삼겹살 200g에 상추쌈과 김치 등 몇 가지 밑반찬을 제공한다. 밥도 나온다(부탄에서는 한국 배추가 재배되지 않는다. 한국의 상추와 부탄의 상추는 맛이 조금은 다르다). 1인분에 1200눌트룸(약 2만 2000원)이니 상당히 비싼 편이다. 비빔밥이나 김치찌개 같은 식사도 600~700눌트룸이나 된다. 한국보다도 비싸다. 부탄의 소득 수준이 한국의 10분의 1 정도임을 고려하면 얼마나 비싼 음식인지 알 수 있다. 맛은 내가 외국에서 먹어본 한식당 가운데 상위권에 속한다. 이 식당이 비싼 가격을 받고 있음에도 잘 되는 이유를 물으니, 기본적으로 부탄 사람들이 한국 음식을 좋아한다고 한다. 한류 드라마의 영향도 크다고 한다. 현지인 말고도 일본인 등 외국인 관광객도 자주 찾는다.

두 달간 부탄에 사는 동안 이 세 여인 말고도 한국인을 여럿 만났다. 그중에는 부탄의 농구대표팀을 지도하는 김 감독도 있다. 김 감독과는 귀국 직전에 알게 되어 깊은 교류는 하지 못했다. 한국의 농구협회에서 파견된 그는 몇 년 전부터 부탄 농구대표팀을 지도하고 있었다. 평소에는 한국에서 생활하다가 1년에 한두 달씩 부탄에 와서 농구를 지도한다고 한다. 농구는 부탄에서 대단히 인기 있는 스포츠 종목이다. 특히 왕실을 비롯해 상류층이 좋아한다고 한다. 그를 통해 부탄의 왕실 요리사와 부탄텔레콤 사장을 소개받기도 했는데, 그는 부탄 왕자를 포함해 부탄 상류층 사람들과 밀접하게 교류하고 있는 것처럼 보였다.

# 아직은 전형적인
# 후진국적 경제 구조

부탄은 국민총행복정책을 통해 국민 대다수를 절대적 빈곤에
서 벗어나도록 했다. 부탄 국민은 대체로 자신들의 삶에 만족하
며 살고 있다. 그러나 부탄 국민의 생활수준은 여전히 매우 낮다.
생활수준 향상에 대한 부탄 사람들의 열망은 매우 강하다. 그만
큼 더 많은 경제 성장이 필요하다. 그러나 부탄의 산업 구조나 경
제 구조로 볼 때 쉬운 일이 아니다.

최대 산업인 농업에 취업자의 약 56%가 종사하고 있으나 농업
의 GDP 비중은 16%를 조금 넘을 뿐이다. 부탄의 농업 생산성은
여전히 매우 낮고 위장 실업도 상당히 많이 존재한다. 반면, 부탄
정부가 크게 의존하는 전기 산업(수력발전)은 GDP의 14%를 차지
하지만 취업자의 비중은 1.2%에 지나지 않는다. 마찬가지로 건설
업 분야도 GDP 비중은 17%에 달하지만 취업자 비중은 3.2%에

지나지 않는다. 전기 산업과 건설업 분야의 취업자 비중이 낮은 이유는 취업자의 대다수가 인도인이기 때문이다. 수력발전은 장치산업이기 때문에 고용 유발 효과가 적다. 그나마 기술자들도 대다수가 인도인이며, 건설업(수력발전소 및 도로 건설, 일반 건물 건축 등)도 5~6만 명에 달하는 저임금 인도 노동자가 담당하고 있다. 고용 효과가 큰 제조업 역시 GDP 비중, 취업자 비중 모두 낮은 수치를 기록하고 있다. 이런 산업 구조의 왜곡을 어떻게 해결할지가 부탄 경제의 큰 과제다.

그러나 부탄의 경제 상황은 녹록지 않다. 부탄 '국민계정통계'에 의하면 2013년 기준 부탄 전체 인구는 73만 명이고, 1인당 GDP는 2440달러다. 총 GDP는 17억 8000만 달러(약 2조 1000억 원)인데, 이는 한 국가를 운영하기에는 너무나 작은 경제 규모다. 게다가 부탄은 아직 전형적인 후진국적 경제 구조를 벗어나지 못하고 있다. 왜 그럴까?

첫째, 만성적인 재정 적자에 허덕이고 있다. 2013/2014 회계연도의 정부 지출은 약 380억 눌트룸(6840억 원)인데 재정 수입은 약 220억 눌트룸(4000억 원)에 불과하다. 부족한 재정을 외국 원조(약 46억 눌트룸)로 충당하지만 이것으로도 부족해 GDP의 4.4%에 달하는 재정 적자를 보고 있다. 부탄 헌법은 재정 적자를 GDP의 5%까지 허용하지만, 만성적인 재정 적자는 부탄 경제에 큰 부담이 되고 있다. 정부의 경상지출은 반드시 국내 세입으로 충당하도록 하고, 자본지출에 한해서 외국 원조와 차입을 허용해 나름의

**표 9_ 부탄의 산업 구조(2013)**

| 산업 분야 | GDP 비중(%) | 취업자 비중(%) |
|---|---|---|
| 농림업 | 16.18 | 56.3 |
| 광업 | 2.75 | 0.4 |
| 제조업 | 8.51 | 6.1 |
| 전기·가스·물 공급 등 에너지 산업 | 14.18 | 1.2 |
| 건설업 | 16.86 | 3.2 |
| 도·소매업 | 6.25 | 7.7 |
| 호텔 및 식당 | 1.47 | 3.1 |
| 교통·창고 및 통신업 | 9.33 | 3.6 |
| 금융·보험·부동산·기업 서비스 | 7.73 | 2.1 |
| 공공 행정 | 7.60 | 8.5 |
| 교육 및 의료 | 3.46 | 7.6 |
| 사적 사회 및 여가 서비스 | 0.42 | 0.2 |
| 조세 순 보조금 | 5.26 | 해당 사항 없음 |
| 합계 | 100 | 100 |

자료: National Statistics Bureau, *Statistical Yearbook of Bhutan 2014*(2014).

재정 건전성을 유지하도록 노력하고 있다. 정부 지출에서 외국 원조가 차지하는 비중은 30% 전후로 상당히 높은 수준이다. 부탄의 11차 5개년 발전계획은 계획의 마지막 해인 2018년에 부탄의 재정이 외국 원조로부터 자립하는 것을 목표로 하고 있다. 그러나 부탄이 외국 원조로부터 완전히 탈피하기에는 좀 더 시간이 걸릴 것 같다.

둘째, 국제수지도 만성적 적자에 허덕이고 있다. 2013/2014

회계연도의 수출은 5억 3000만 달러인 반면 수입은 9억 달러로 약 3억 7000만 달러의 무역 적자를 봤다. 여기에 무역외수지 적자를 포함한 경상수지 적자는 4억 7000만 달러로 전체 GDP의 27.3%에 달한다. 부탄의 수출품은 매우 단조롭다. 2013년 현황을 보자. 광물 자원이 49.9%, 수력발전 전기가 35.2%, 농산물이 9.7%, 공산품이 7.6%를 차지했다. 광물 자원과 수력발전 전기가 전체의 85% 이상이다. 수입품은 매우 다양한데, 쌀을 비롯한 곡물·육류·버터와 치즈·식용유·설탕 등이 그것들이다. 이들 식품 수입액이 전체 수입액의 11.7%인 1억 500만 달러에 달한다. 반면 채소류와 과일 등 농산물 수출액은 1800만 달러에 지나지 않는다. 취업자의 약 56%가 농림업에 종사하고 있음에도 농산물의 무역수지가 큰 적자인 것은 심각한 문제다. 게다가 부탄 국민의 생활수준이 올라가면서 생필품 수입이 늘어나 무역수지 적자는 매년 증가하고 있다.

셋째, 대외채무가 점차 심각해지고 있다. 부탄은 수력발전과 도로 건설 비용 등으로 많은 외채를 끌어들이고 있다. 2013/2014 회계연도의 누적 채무 잔고는 17억 7000만 달러로 GDP의 100%를 넘어섰다. 수출로 벌어들인 돈 가운데 원리금 상환에 사용해야 할 비율이 무려 26.8%다. 세계부채탕감 운동 조직인 주빌리 Jubilee는 부탄을 '부채 위기 고위험 국가'로 분류하고 있다. 그러나 대외채무의 위험성에 대해 부탄 관리들은 동의하지 않는다. 그들은 대외채무의 대부분을 수력발전 건설에 사용하고 있기 때문에,

**표 10_ 부탄의 거시경제 지표**

| 구분 | | 2011/2012 | 2012/2013 | 2013/2014 |
|---|---|---|---|---|
| 총인구 (100만 명) | | 0.71 | 0.72 | 0.73 |
| 국내총생산 (100만 달러) | | 1,820 | 1,823 | 1,781 |
| 1인당 국민소득 (달러) | | 2,571 | 2,533 | 2,440 |
| 달러 환율 | | 44.72 (2011.6) | 56.31 (2012.6) | 59.70 (2013.6) |
| 국제수지 | 수출(100만 달러) | 616.6 | 545.6 | 534.9 |
| | 수입(100만 달러) | 1,012.1 | 847.4 | 899.7 |
| | 경상수지(100만 달러) | - 393.4 | - 501.3 | - 469.0 |
| | 경상수지/GDP(%) | 21.6 | 27.5 | 27.3 |
| 대외채무 | 잔고 (백만 달러) | 1333.7 | 1606.8 | 1759.0 |
| | GDP 대비 (%) | 87.4 | 98.4 | 101.3 |
| | 원리금 상환액/수출액 (100만 달러) | 127.1 | 213.8 | 26.8 |
| 재정 | 정부 지출 (100만 눌트룸) | 33,688 | 34,901 | 37,773 |
| | 정부 세입 (100만 눌트룸) | 20,144 | 21,093 | 21,992 |
| | 외국 원조 (100만 눌트룸) | 12,502 | 9,562 | 11,179 |
| | 재정 적자 (100만 눌트룸) | 1,042 | 4,245 | 4,602 |
| | 재정 적자/GDP (%) | 1.2 | 4.4 | 4.4 |

자료: National Statistics Bureau, *Statistical Yearbook of Bhutan 2014*(2014).

수력발전소의 건설이 끝나고 전기를 수출하게 되면 대외채무 상환에 문제가 없을 것이라는 입장을 고수한다. 실제로 2013/2014년 회계연도의 인도 루피INR 채무 가운데 83.4%가 수력발전소 건설을 위해 쓰였거나 쓰일 예정이다.

넷째, 인도에 대한 경제 의존도가 지나치게 높다. 부탄과 인도는 역사적으로 매우 가까운 사이다. 특히 1962년 1차 5개년 발전 계획은 거의 전적으로 인도 원조로 수립되었다. 오늘날 부탄은 수출의 86.1%와 수입의 83.5%를 인도에 의존하고 있으며, 무역수지 적자의 약 80%, 경상수지 적자의 약 94%가 인도에 대한 것이다. 부탄은 해외 원조의 70% 내외를 인도에 의존하고 있고, 대외채무 잔고의 약 64%는 인도에 대한 채무다.

이처럼 인도에 대한 경제 의존의 취약성은 2012년 외환위기로 나타났다. 2000년대 부탄은 연평균 8.1%의 고도성장을 했다. 인도로부터 막대한 루피를 차관해 수력발전소 및 도로 건설을 민간 건설사가 맡으며 경제에 활력을 불어넣었던 것이다. 하지만 급격한 외자의 증가로 민간 부문 신용이 10배나 늘어나 인도로부터의 수입이 급증하자 루피가 부족한 사태가 발생했다. 부탄 정부는 자동차, 주택 건설, 기타 개인 소비와 관련된 대출을 모두 중단했다. 자본이 막힌 부탄의 민간 건설업체들은 이때 대부분 문을 닫았고 부탄의 실질 경제 성장률은 2013년 2.1%로 급락했다.

다섯째, 수력발전 산업에 대한 의존도가 매우 높다. 수력발전은 부탄 전체 수출의 31%, 정부 수입의 20%, GDP의 14%를 차지

부탄에서 일하는 인도 노동자들.

하고 있다. 건설업 등 수력발전 산업으로 인해 생기는 파급 효과도 매우 크다. 부탄은 히말라야 빙하가 녹은 물 등 수자원이 풍부해 수력발전 산업을 추진하기에 매우 유리한 환경을 갖추고 있다. 기술적으로 경제성이 있는 부탄의 잠재 수력발전량은 2만 4000MW로 추정된다. 현재 그 6%인 1480MW가 이용되고 있어 개발 잠재력은 매우 큰 상황이다.

부탄은 생산한 전력의 약 75%를 인도에 수출하고 있다. 전기가 절대적으로 부족한 인도는 부탄에 대해 수력발전 건설 자금과 기술을 지원해주는 대가로, 부탄에서 생산된 전기를 값싸게 수입하고 있다. 현재 부탄의 전기 수출 가격은 인도와 부탄 양국 협정에 따라 생산비의 15%에 해당하는 수익률을 보장하는 선에서 결정되고 있다. 부탄 정부는 수력발전의 추가 개발로 만성적인 재정 적자와 대외채무 문제를 모두 해결할 수 있을 것으로 기대한다. 그러나 수력발전 개발은 산림 자연을 파괴하고 동식물 다양성을 훼손하며 수질을 오염시키는 심각한 환경 문제를 야기할 것이다. 그리고 실제로 그런 파괴가 진행되고 있다.

어느 날 부탄의 재정 적자와 무역 적자, 대외채무 문제 등에 관해 내가 염려하자, 부탄 관리들은 다음과 같이 말했다. "1960년대에 우리는 경제의 모든 부분을 외국 원조에 의존했으나, 그 뒤 의존도가 점차 낮아졌으며 이제는 크게 염려하지 않는다. …… 대외채무액 대부분은 수력발전 건설에 사용하기 때문에 수력발전 건설이 끝나고 전기를 수출하게 되면 채무액을 모두 상환할 수 있으므로 문제가 되지 않는다."

과연 부탄은 그들이 바라는 대로 2020년에는 외국 원조에 의존하지 않는 경제적 자립을 달성하고, 가난한 나라에서 벗어날 수 있을까.

# 부탄의 식량 문제와
# 모든 농지의 유기농업화

부탄 정부는 2007년에 환경을 보존하면서 농업 생산성을 높이고 농가 소득을 증대하기 위해 2020년까지 모든 농지를 유기농업으로 전환하겠다는 야심찬 목표를 설정했다. 이런 부탄의 노력은 국제적인 관심을 끌고 있다. 과연 부탄 정부의 목표는 실현될 것인가.

앞에서 살펴봤듯이 부탄은 2013년 기준 취업자의 56.3%가 농림업에 종사하고 있지만 농림업이 GDP에서 차지하는 비중은 16.18%에 지나지 않고, 식량의 상당 부분을 해외에서 수입하고 있다. 부탄 사람들의 주식인 쌀의 자급률은 51.3%밖에 되지 않고, 쌀을 제외한 곡물의 자급률도 63.6%에 불과하다(2011년). 과일과 채소의 자급률은 100%가 넘지만, 이는 생산량이 많아서라기보다는 생산량에 비해 소비량이 적기 때문이다. 육류와 어류 소비량 중 대부분은 수입에 의존하고 있다. 육류는 대부분 인도에서 도축해 냉장 상태로 수입한다. 물고기는 말린 상태로 수입하기 때문에 생선을 구하기가 어렵다. 2012~2014년 평균 자급률을 보면 소고기는 13.3%, 돼지고기는 16.3%에 불과하며, 그나마 닭고기(47.4%)와 양고기(62%)가 상대적으로 자급률이 높다. 물고기는 거의 수입에 의존하고 있고(자급률 2.7%), 계란은 자급한다. 이처럼 부탄은 농산물무역에서 커다란 적자를 보고 있다. 2014년 부탄의 농산물 수출액은 25억 4243만 눌트룸인 반면, 수입액은 2배가 훨씬 넘는 67억 7681만 눌트룸이다.

부탄 사람들은 지역에 따라 생산과 소비하는 곡물이 매우 다르지만 평균적으로 보면 쌀은 1인당 연간 137kg을 소비하고 옥수수와 메밀 같은 곡물은 연간 118kg을 소비한다. 1인당 하루 섭취하는 열량은 평균 2657kcal로 부족하지 않다. 부탄의 식량 자급률이 낮은 이유는 여러 이유가 복합적으로 작용한다. 우선 식량을 생산할 수 있는 경작지 자체가 매우 적다. 부탄 국토는 총 3만 8394km² 인데 그중 70.5%는 삼림이고 10.4%는 관목지대灌木地帶다. 나머지는 7.4%가 빙하(눈)에 덮여 있고 황무지가 3.7%, 주거지가 0.9%다. 나머지 7%는 농지인데 이 가운데 목초지가 4.1%로 실제 농사를 지을 수 있는 경작지는 2.9%에 지나지 않는다. 곡물 재배 면적은 6만 2591ha인데 그 가운데 쌀이 2만 2909ha(36.7%), 옥수수가 2만 8397ha(45.4%)로 전체 농지의 82%를 차지하고 있다. 그 밑으로는 밀 2273ha, 보리 1533ha, 메밀 3821ha, 수수

3657ha 등이 있다.

쌀은 부탄 사람의 영양을 책임지는 가장 중요하고 지배적인 작물인데, 부탄 농부들은 재래종에 대한 선호가 매우 강하다. 소비자가 선호하는 붉은색을 띤 재래종 벼는 짚이 길어 가축의 사료로도 유용하다. 국제미작연구소IRRI에서 개발한 다수확 품종이 전국적으로 전체 벼 재배지의 53%까지 보급되어 재래종을 능가하고 있지만, 지대에 따라 보급률이 제각각이다. 두 번째로 중요한 곡물은 옥수수인데 주로 부탄의 동쪽 지역에서 생산된다. 이 밖에 밀, 보리, 수수, 메밀의 비중은 낮다. 콩과류의 재배 면적은 5% 미만이다. 한 가지 주목할 점은 지난 10년간 감자가 중요한 환금작물로 성장하고 있다는 점이다. 감자는 경작지 5250ha에서 한 해약 4만 6700t 정도 생산되는데(2011년 기준) 부탄의 최대 수출 농산물이다. 또 다른 중요한 환금작물은 저지대에서 생산되는 밀감(5490ha), 생강(3600ha), 빈랑나무열매(1200ha) 등이 있다. 사과(2080ha)는 고지대에서 재배된다. 모두 수출용이다.

경작지가 제한되어 있기 때문에 부탄 농가의 평균 농지 보유면적(휴경지 포함)은 3.4ac(약 1.38ha)에 지나지 않는다. 전체 농가의 약 60%가 3ac 이하의 농지를 보유하고 있을 뿐이고, 5ac를 넘는 농지를 보유한 농가는 18.8%에 지나지 않는다. 규모가 영세할뿐 아니라 생산성도 매우 낮다. 쌀의 면적당 수확량은 2011년 ha당 32.4t으로 인도(35.9t), 방글라데시(42.2t)보다는 적고 네팔(29.8t)보다 약간 많다. 옥수수와 밀의 ha당 수확량은 네팔·인도·

부탄의 농지.

방글라데시보다 적고, 감자의 ha당 수확량(82.5t)은 네팔(137.3t), 인도(227.2t), 방글라데시(180.9t)보다 훨씬 낮다.

부탄의 농업 생산성이 낮은 이유는 여러 가지가 있다. 우선 토양의 비옥도가 낮다. 토양 비옥도 관리는 주로 동물 축분縮分에 의존하고 있고, 1960년대 이후 무기질 비료(요소비료)의 사용이 증가하고 있지만 다른 아시아 국가에 비해 현저하게 적은 편이다. 이는 비료를 구하기 어렵기 때문인데 농가 자체의 구매력이 없고 농장 수익성도 낮기 때문이다. 또한 종자, 농업 기술력, 노동력 등 전반적으로 투입재가 불충분하다. 종자의 질이 좋지 않고 농업 기술력이 뒤떨어져 있으며 농지 관리도 미흡하다. 노동력은 부족하고 사회간접자본은 빈약하다. 경운기와 수확기 같은 농기계가 턱없이 부족해 경운은 여전히 소 등 가축을 사용하며 수확은 손으로 한다. 부탄의 농약 사용량은 매우 적은데 조금씩 증가하고 있다. 2009~2010년 2만t에서 2013~2014년에는 2만 4575t으로 증가했다. 하지만 아직 ha당 200g에 지나지 않는다. 참고로 한국은 부탄의 50배에 달하는 ha당 11.3kg을 사용하고 있다. 원숭이와 멧돼지 같은 야생동물에 의한 작물 손실도 매우 크다. 하지만 야생동물을 죽일 수는 없다. 농민들은 작물을 지키기 위해 수확기에는 들판에서 잠을 잔다.

부탄에서 가장 중요한 가축은 소다. 소는 우유와 고기, 축분을 얻을 수 있는 아주 유용한 가축이다. 현재 부탄 전역에서 약 30만 마리를 사육하고 있는데 재래종이 대부분(약 75%)이고, 저지Jersey

나 브라운 스위스Brown swiss 같은 개량종은 25%에 지나지 않는다 (2014년 통계). 주로 농지나 공유지에서 방목해 들풀을 먹여 기르지만 부수적으로 볏짚이나 옥수수를 먹인다. 그다음으로 중요한 가축이 야크인데 약 4만 5000두가 사육되고 있다. 야크는 소와 마찬가지로 우유·치즈·고기·축분 등을 제공하는 중요한 가축으로 주로 고산 지대에서 방목한다. 2만 1000두 정도 사육되고 있는 말은 농사에 동원되고 여행 때 활용된다. 부탄에서는 트레킹을 할 때 포터가 아니라 말이 짐을 나르는 역할을 한다. 닭은 약 50만 수로 계란과 닭고기를 생산하고 주로 지역 시장에서 거래된다. 돼지는 1만 4000두 정도로 많지 않고, 거위와 양을 약간 사육한다. 부탄에서는 불교 교리에 따라 가축을 원칙적으로 도살하지 않기 때문에 인도에서 도살된 육류를 수입해서 먹는다. 하지만 사고로 죽은 가축은 잡아먹기도 한다.

이처럼 식량 자급률이 낮고 육류와 생선 소비를 수입에 의존하고 있는 상황에서 나라 전체의 농업을 유기농으로 전환하겠다는 정책이 가능한 목표일까? 혹은 바람직한 것일까? 이에 대해선 많은 논란이 있다. 유기농은 정의하기에 따라 그 기준의 정도가 매우 엄격할 수도 있고 느슨할 수도 있다. 부탄의 유기농은 국제유기농기구IFOAM의 정의를 따르고 있다. IFOAM이 정의하는 유기농업이란, '유기농 원칙에 기초하고 유기적 방법을 사용하는 것'이다. 농업 생산물이 유기농 생산품인지 아닌지를 따지는 방식은 다양한데, 인증 절차를 거치는 것이 보통이지만 그것을 생략하기

도 한다. 부탄에서는 인증 여부와 관계없이 농화학 투입재agrochemical
를 사용하지 않으면 유기농 생산품으로 본다. 토양 비옥도를 높이
기 위한 다양한 유기적 농법 — 윤작을 하거나 콩과 식물을 심어 재배
하는 활동 등 — 을 요구하지는 않는다.

부탄이 '100% 유기농화'를 선언한 것은 농화학 투입재를 사용
하지 않겠다는 것이다. 이런 선언이 가능한 것은 현재 부탄 농업
에 농약이나 화학 비료 등을 사용하는 경우가 거의 없기 때문이
다. 2015년 괴산세계유기농산업엑스포에 참석한 부탄 농림성 장
관은 당시 부탄 농지의 95%가 이미 유기농업으로 경작되고 있다
고 밝혔다. 그런데 문제는 부탄 농민들이 농약이나 비료를 사용
하지 않은 이유가 환경을 보존하기 위해서라거나 유기농의 중요
성에 대한 인식 수준이 높아서가 아니라는 점이다. 부탄 정부는
전량 수입에 의존하고 있는 농약과 화학 비료에 대해 수입을 억제
하고 있다. 그로 인해 화학 비료가 상대적으로 가격이 비싸져 농
민들은 어쩔 수 없이 유기농을 택할 수밖에 없다.

부탄의 인증 유기농 면적은 2만 995ha로, 전체 농지 면적(약 27
만ha)의 7.8%에 지나지 않는다. 여기에 약초와 향료aroma 식물을
채집하는 1만 5605ha를 더하면 10% 수준이다. 유기농 인증은 인
도 기관이 실시한다. 부탄에는 인증 시스템이 없다. 꿀, 차, 향신
료, 허브, 오일, 비누 등이 이런 인증 절차를 거쳐 개인 수출 회사
인 바이오부탄BioBhutan을 통해 수출된다. 이처럼 시장지향적인 인
증 농산물은 관행 농산물보다 품질이 좋아 소비자로부터 인기가

부탄의 농가와 감자밭.

많다. 따라서 높은 시장 가격이 형성될 것으로 기대되며, 면적당 적은 수확량으로도 높은 생산비를 보상할 수 있을 것이다. 전망하건대, 유기농으로 전환할 수 있는 숙련된 농부와 유기농 농산물을 구매할 수 있는 경제력을 갖춘 소비자가 존재하면 이런 전환은 유리하다. 바나나, 면화, 차 혹은 향신료 같은 인증 농산물의 수출은 농가 소득 증대에 기여할 것이며, 마케팅과 사회간접자본, 물류 시스템 등이 개선되면 성장할 가능성이 충분하다.

하지만 부탄의 이런 유기농 정책의 성공 여부를 예측하기는 어렵다. 우선 부탄의 소비자가 비싼 가격을 지불하고 대량으로 유기농 생산물을 구매할 수 있을지 의문이다. 부탄의 소득 수준은 여전히 매우 낮다. 부탄의 붉은 쌀은 가격이 비싸 인도의 값싼 쌀에 비해 경쟁력이 없다. 생존 농업을 하고 있는 부탄 농민 대다수는 유기농의 ha당 수확량이 관행 농업에 비해 많거나, 적어도 같아야만 전환을 할 것이다. 더군다나 유기농업의 생산비가 인하되지 않으면 결코 전환을 하려고 하지 않을 것이다. 유기농으로 전환을 한다고 할지라도 부탄에 존재하는 수많은 생존 농가의 생활에 긍정적인 효과를 미칠지도 의문이다. 저투입으로도 생산성을 높이기 위해서는, 유기농 관리 기술이 다른 무엇보다 중요할 것이다. 그리고 지금보다 훨씬 더 효율적인 물 관리와 토양 비옥도 개선, 비화학적 잡초 및 해충 억제 기술이 필요하다. 또한 작물 ha당 수확량의 안정성 확보도 중요하다. 그러나 부탄 농민 대다수는 미숙련 농민인 데다 글을 읽지 못해 정보 접근성도 매우 빈약하다. 솔직히 생계형 농민이 유기농 전환을 원할지도 의문이다.
유기농 전환을 위한 부탄 정부의 노력도 충분하지 않다. 부탄에
는 유기농 연구소도 없고, 유기농 전환에 대한 금전적 지원 - 예
를 들어 유기농 전환기 동안만이라도 지원금을 주는 제도 - 도 없다.
예산도 부족하다. 10차 5개년 발전계획에서 부탄 정부가 유기농
을 위해 배정한 예산은 55만 달러에 불과하다. 반면 감귤 증산을
위해서는 90만 달러의 예산이 배정되었다.

10차 5개년 발전계획은 부탄의 유기농이 매우 초기 단계에 있
다고 결론을 내렸다. 2003년 부탄 농림성은 국가 유기 프로그램
National Organic Program을 수립했다. 이 프로그램은 유기농을 장려하
기 위한 전략을 단계별로 제시하고 있다. 유기농업 홍보, 유기 공
동체 시범 활동, 정치적 인정, 자문 서비스 제공, 유기농 시장 개
발, 인증 시스템 도입 및 실시 등이 그것이다. 부탄은 인구 증가
압력을 받고 있다. 2030년까지 현재 인구의 23%에 달하는 16만
5000명이 증가할 것으로 예상된다. 유기농으로 생산성을 높이지
못한다면 심각한 식량 부족에 직면할 위험이 있다. 부탄은 지금
두 가지 과제와 직면했다. 유기농 생산을 장려하면서도, 다른 한
편으로는 식량 자급률을 높여야 한다. 이것이 부탄 정부가 여러
선진국에 대해 유기농 전환을 위한 기술적·금전적 협력을 요구하
는 이유다.

유기농에 대한 부탄 정부의 철학은 우리보다 훨씬 앞선다. 한
국은 친환경 정책을 농산물 시장 개방에 대응한 중소 농가의 소득

부탄의 농민시장(위)과 곡물시장(아래).

대책으로 도입했다. 값싼 수입 농산물에 대해 안전하고 품질이 뛰어난 국내 농산물로 대응하겠다는 것이다. 한국의 농민들은 친환경 유기자재를 구입해 유기 농업을 한다. 환경과 토양에 대한 배려는 뒷전이다. 이런 방식으로는 유기자재 생산업자의 배만 불릴 뿐 건강한 유기농을 지속할 수 없다. 부탄의 유기농업 정책은 GNH의 네 기둥 중 하나인 '생태계의 보전'을 위한 지속 가능 농업의 일환으로 채택되었다. 이 정책은 기후 변화와 탄소 중립적 발전을 지향하며 농지의 100% 유기농업화를 목표로 두고 있다. 2015년 괴산세계유기농산업엑스포에 참석한 부탄 농림성 장관은 이렇게 덧붙였다.

유기농업은 농민이 외부 투입물에 대한 의존을 줄이는 역량을 강화하는 농업이다. 지역의 지혜와 전통적 농법을 활용할 수 있으며, 쉽게 구할 수 있는 지역 자원에 의존하는 지속 가능한 농업이다. 유기농업은 장기적으로 보면 농산물의 부가가치를 높이고 농업 생산비를 절감해 농가와 농촌 공동체에 새로운 경제적 기회를 창출할 것이다.

부끄럽다. 한국은 농가 소득을 앞세웠지만 농촌 경제가 붕괴되었다. 그렇지만 부탄은 국민행복과 환경 보전을 앞세우지만, 결과적으로 농촌 경제가 향상되고 있다.

# 부탄에도 재벌이
# 성장하고 있다

부탄 경제가 빠르게 성장하는 가운데 새로운 비즈니스 기회를 재빨리 포착해 급성장하는 기업들이 등장하고 있다. 그 대표적인 것이 타시Tashi 그룹이다. 타시 그룹은 1959년 유겐 도르지Ugyen Dorji가 인도와의 국경 도시 푼초링에 쌀과 향신료를 수입하는 회사를 설립하며 시작되었다. 타시 그룹은 경공업(맥주·코카콜라, 주스·잼·피클 등 식음료 등)과 중화학공업(광업·합금·화학공업 등) 등 제조업을 포함해, 서비스업(관광호텔·슈퍼마켓 및 백화점 등), 은행업·이동통신업·항공업·학교 등 전 분야에 걸쳐 40여 개 기업에 종업원 3000명 이상을 거느린 기업 집단으로 성장했다. 이는 2014년 부탄 민간 회사의 총고용 인원수(약 1만 2600명)의 4분의 1 정도에 해당하는 엄청난 숫자다. 농업 분야를 제외한 부탄의 총 민간 부문 종사자는 8만 명 정도인데, 약 3.8%에 해당한다. 참고로 부탄의 총 고용 인구는 33만 5870명이며, 그 구성을 보면 농업 종사자가 18만 8829명(56.2%)으로 가장 많다. 그다음으로 많은 것은 공공 부문 종사자로 공무원 2만 7446명(8.2%), 기타 정부 기관 1만 2006명(3.6%), 공기업 1만 6521명(4.9%), 군인 1만 1568명(3.4%) 등 총 6만 7541명(20.1%)이다.

비농업 민간 부문은 민간 회사 1만 2386명(3.7%), 민간 비즈니스 6만 6535명(19.8%), NGO 종사자 580명(0.2%)으로 총 7만 9501명(23.7%)에 지나지 않는다. 타시 그룹은 호텔 회사를 세 개나 소유하고 있는데, 직영으로 운영하는 드루크Druk 호텔, 위탁 운영하는 우마 리조트, 타지타시Taj Tashi 호텔은 하룻밤 숙박료가 350달러에서 2000달러까지 하는 최고급 호텔이다. 타시 그룹의 드루크Druk 맥주는 부탄 맥주 시장의 80%를 차지하고 있으며, 최근에는 생산량의 40%를 인도에 수출하고 있다. 주스·잼·피클 등 다른 식품 부문에서도 부탄 시장을 지배하고 있으며, 주스 브랜드는 인도 시장에도 진출했다.

타시 그룹은 2008년 이동통신업에 진출해 2003년에 설립된 부탄 국영 통신사인 부탄텔레콤을 급속히 따라잡고 있다. 현재 타시 인포콤은 이동통신 시장의 28.1%를 점유하고 있는데, 이는 부탄텔레콤(71.9%)에는 미치지 못하는 점유율이지만 우수한 통화 품질과 서비스로 시장 점유율을 빠르게 늘려가고 있다. 타시 그룹은 2011년 부탄 최초의 민간 항공 회사 타시Tashi 항공을 설립해 부탄의 국영 항공사 드루크 항공과 더불어 부탄 관광 산업의 일익

부탄의 최고급 호텔 타시타지 호텔.

을 담당하고 있다. 타시 그룹은 인도에 설립한 작은 식품 회사를 제외하고는 상장 회사가 없기 때문에 자산 규모 등 알려진 정보가 거의 없다.

타시 그룹의 성장 과정에 부탄 정부의 도움이 절대적으로 컸음을 숨길 수 없다. 타시 그룹의 설립자인 유겐 도르지의 집안은 부탄 북서쪽에 있는 하 지방을 다스리던 귀족 가문이다. 그는 왕족과 피를 나눈 사이로 3대 왕 부인의 막냇동생이자 4대 왕의 외삼촌이다. 그는 총리 집안 출신으로 3대 왕과 4대 왕의 도움으로 그룹을 성장시켰다. 왕족인 도르지는 국왕으로부터 붉은 스카프 Dasho를 수여받은 것으로도 유명하다. 'Dasho'는 부탄에서 왕이 내릴 수 있는 가장 높은 작위다. 1980년에 부탄 상공회의소 회장에 취임했고 2006년에는 남아시아지역협력협회SAARC의 상공회의소 회장을 역임했다.

타시 그룹은 세 아들에게 계승되었는데, 첫 번째 아들 톱걀 도르지Topgyal Dorji, 둘째 아들 왕추크 도르지Wangchuk Dorji, 셋째 아들 카지 유겐 도르지Kazi Ugen Dorji에 의해 오늘날의 그룹으로 크게 성장했다. 장남 톱걀 도르지는 1966년생으로 다섯 살에 인도의 다즐링에 있는 기숙학교에 들어가 공부한 뒤 미국의 뉴잉글랜드New England에 있는 고등학교와 대학교를 졸업했다. 청년 시절 그는 공부나 집안의 경영 업무보다는 축구와 라크로스 등 스포츠를 더 좋아했다. 그는 합금 및 화학 공정에 관심을 갖고 1980년대 말 노르웨이에 유학해 야금학을 2년간 공부하고 1991년에 부탄에 돌아왔다. 이렇게 해서 설립한 부탄화학을 포함해 부탄합금회사는 타시 그룹의 튼튼한 기둥 역할을 하고 있다.

현재 타시 그룹을 이끌고 있는 톱걀 도르지는 4대 왕과 외사촌 관계이며 5대 왕에게는 외오촌 아저씨다. 타시 그룹은 국영 공장을 불하받거나 외국 회사와 합자하는 형태로 사업을 확장했는데 이 과정에서 부탄 국왕의 도움이 매우 컸다. 또한 통신과 항공 등 국영 독점 사업에 민간업자로서는 최초로 진입한 것도 왕실의 도움 없이는 어려운 일이었다.

그러나 타시 그룹의 성장을 단순히 정경유착의 산물이라고 할 수는 없다. 톱걀 도르지는 캄보디아, 미얀마, 베트남 등 아시아 다른 나라의 유사한 그룹형 기업의 경영자와는 달리 기업가 정신이 충만하고 매우 혁신적이고 진취적인 인물이라는 평가를 받고 있다. 그는 스니커즈 운동화를 신고 청바지를 즐겨 입으며, 시가를 씹고 긴 머리를 휘날리며 할리데이비슨Harley Davidson의 오토바이를 타는 매우 개방적인 사람이다. "우리나라는 경제적으로는 매우 작은 나라지만 문화, 전통, 환경 부문에서는 세계적으로도 부유한 나라다. 우리는 국민총행복을 증진하는 데 전념해야 하지만 물질적 성장을 배제하지 않을 것이다." 그의 말이다. 타시 그룹의 급격한 성장에 결정적인 도움을 준 것이 바로 부탄 정부다. 따라서 타시 그룹의 성장이 부탄 국민의 행복 증진에 얼마나, 어떻게 기여할 것인지는 전적으로 부탄 정부의 과제다.

# 이농과
# 도시화

부탄은 지금 빠르게 변하고 있다. 2011년 처음 찾은 수도 팀푸는 개발의 열기 속에서 어수선하기 짝이 없었다. 2013년에도 여전히 팀푸는 개발 중이었다. 그러나 2년이 지난 2015년 5월의 팀푸는 빌딩, 아파트, 도로 등 주요 간선 시설의 건설이 완료되어 제법 도시의 면모를 갖췄다. 파로 국제공항과 팀푸 사이에 65km를 1시간이면 갈 수 있는 하이웨이도 건설되었고, 국제적인 수준의 5성급 호텔도 꽤 들어섰다. 피자·햄버거·스파게티 등 서양 음식을 비롯해 타이 요리와 중국 요리를 파는 식당, 한국 음식을 파는 식당까지 생겨났다. 팀푸의 개발이 거의 끝나가는 가운데 부탄의 개발은 이제 동쪽을 향하고 있다.

부탄은 이런 급속한 변화 속에서 '부탄의 행복'을 위협하는 성장통을 앓고 있다. 이농과 도시화, 빈부 격차, 개인주의 만연에 의

한 공동체 붕괴와 사회안전망 위축, 높은 청년 실업률, 급격히 증가하는 자살률, 서구 문화의 유입과 전통문화의 훼손, 환경 파괴 등이 그것이다. 하지만 오늘날 부탄이 안고 있는 최대 사회 문제는 급속한 이농과 도시화다. 부탄의 도시 인구 비중은 1970년 6.09%에서 1990년 16.39%, 2000년 25.42%, 2013년 37.14%로 급격하게 높아지고 있다(세계은행 추정). 도시화율이 아직 높다고는 할 수 없지만 2000년 이후 증가 속도가 매우 빨라지고 있다.

특히 수도 팀푸Greater thimpu로 인구가 집중하고 있다. 팀푸는 해발고도가 평균 2500m인 산악 지대임에도 2015년 기준 부탄 인구 약 75만 명 가운데 15% 정도에 해당하는 11만 5000명 - 수도 팀푸 안에 있는 팀푸 시에만 8만 명 - 을 품고 있다. 팀푸에 등록된 인구수가 7000명에 지나지 않는 점을 고려하면 거의 모두 타지에서 유입된 인구이다. 반면에 동쪽 끝 타시강의 등록 인구는 7만 2000명이지만 실제 거주 인구는 5만 5000명(2005년)에 지나지 않는다. 2013년 조사에 따르면 타시강에는 8600세대가 등록되어 있지만, 1050세대가 빈집이다.

농촌에서 도시로의 이농이 빠르게 진행되고 있다. 이농이 급증하는 이유는 도시와 농촌 사이에 소득 수준, 취업 기회 등 경제적 격차가 매우 크고, 도로·통신·교육·건강 등 모든 사회 서비스가 도시에 비해 농촌이 크게 낙후되어 있기 때문이다.

2012년 부탄 생활수준 조사는 도시와 농촌 사이의 격차가 매우 크다는 사실을 보여준다. 우선, 연평균 소득을 보자. 세대 기준으

도시 빈민이 거주하고 있는 부탄의 아파트.

로 도시는 28만 2671눌트룸(약 510만 원)으로 농촌 10만 4091눌트
룸(약 187만 원)의 2.7배다. 1인당 평균 소득을 보면, 도시는 7만
9905눌트룸(약 144만 원)으로 농촌의 2만 7824눌트룸(약 50만 원)
의 약 3배나 된다. 자가 소비와 비공식적 거래 등을 반영하지 못
하는 통계 조사의 부정확성, 주거비와 식품비가 많이 들어가는 도
시의 생활비 등을 고려하면, 도시와 농촌의 생활 격차가 이 통계
수치만큼 크지는 않을 것이다. 하지만 그 격차가 충분히 심각한
수준임을 알 수 있다. 특히 농촌 가계의 경우 소득에 비해 지출이
월등히 많아 가계 빚이 상당한 수준이라고 한다.

2012년의 조사는 소득 이외에 주거 여건, 물, 위생, 건강, 에너
지, 가전제품, 교통 등 생활 전반에서 농촌이 도시에 비해 열악하
다는 것을 보여준다. 다만 토지 소유 면적, 자가 보유 비율, 사회
적 유대 등은 농촌이 도시보다 낫다.

행복도 역시 차이가 크다. 2012년 조사에서 도시 사람의 약
88%가 행복하다(매우 행복 33.7%)고 답했으나, 농촌 세대는 약
83%만 행복하다(매우 행복 32.2%)고 답해 행복한 사람의 비율은
도시가 약간 높았다. 반대로 불행하다고 답한 사람은 도시 1.7%
에 비해 농촌 4.3%로 상대적으로 꽤 높았다.

하지만 이는 행복에 대한 개인의 주관적 인식을 조사한 결과이
고, 국민총행복조사에 기초한 도시와 농촌 사이의 행복 격차는 더
크다. 2010년 국민총행복조사에 의하면 부탄 전체 국민 중 불행
한 사람의 84%가 농촌에 거주하고 있다. 그리고 소비기준 빈곤율

역시 도시가 1.3%에 불과한 것에 비해 농촌은 무려 17.8%에 달한다. 행복한 인구의 비중 역시 도시(50%)에 비해 농촌(37%)이 더 낮다. 20개 종카그 사이의 격차도 매우 크다. 수도 팀푸와 제2의 도시 파로의 빈곤율은 1% 미만인 반면, 동북부 지방인 룬체(32%)를 필두로 페마가첼(27%), 젬강(26%) 등 농촌의 빈곤율은 여전히 상당히 높다. 소득뿐 아니라, 교육 및 의료 서비스의 격차도 매우 크다. 생활수준에 교육과 건강을 함께 고려한 다차원 빈곤지수 빈곤율에서도 지역 격차는 소비기준보다는 조금 낮지만 여전히 매우 크다.

부탄에서도 행복과 가난은 매우 밀접한 관계를 맺고 있다. 2012년 조사에 의하면, '가난하지 않다'고 여기는 세대의 94%, '가난하지만 매우 가난하지는 않다'고 여기는 세대의 74%가 자신들이 '행복하다'고 대답한 반면에, '가난하다'고 여기는 세대는 43%만 '행복하다'고 답했다. 또 1인당 평균 소비 규모가 클수록 행복한 사람의 비중이 높다. 소비 지출을 5분위 계층으로 나누면 최상위는 41%가 매우 행복한 반면에 최하위 소비층은 25%만이 매우 행복하다. 다만, 소비 지출에 따른 행복도의 격차는 소득이나 부에 따른 격차보다는 적었다.

특히 농촌 지역은 젊은 세대의 이농이 심각한데, 이는 농촌 지역의 교육 수준이 높아지면서 더욱 심해지고 있다. 젊은 층의 이농과 출산율의 저하로 농촌 초등학교가 폐교하는 일도 나타나고 있다. 그러나 모든 지역의 농민이 전부 빈곤한 것은 아니다. 중부 지역의 중심지인 붐탕은 평지가 많고 땅이 비옥해 농민들의 평균 소득이 공무원보다도 높다. 그래서 이농도 거의 없다.

# 방황하는
# 부탄의 젊은이들

도시화는 많은 문제를 야기한다. 가장 큰 문제는 실업이다. 부탄의 전반적 실업률은 높은 편이 아니지만, 2001년 1.9%에서 2013년 2.9%로 증가했다. 남자(2.2%)보다 여자(3.7%)가 약간 높고, 농촌 지역(1.5%)보다 도시 지역(6.3%)이 훨씬 높다. 특히 젊은 층의 높은 실업률이 최근 사회적 문제가 되고 있다. 2013년 기준 청년 실업률은 9.6%로 전체 실업률 평균의 3배 이상인데, 그중에서도 도시 청년의 실업률은 22.8%로 매우 높다.

이처럼 젊은 층의 실업률이 높은 것에 대해 부탄 노동성은 "젊은이들이 일정한 교육을 받고 노동시장에 들어오지만 즉시 취업하는 데 필요한 기술을 갖고 있지 못하기 때문이다"라고 설명한다. 교육을 받은 젊은이들의 기대와 실제 직업 현장에서 마주하는 대우나 수준이 일치하지 않는 것이다. 실제로 2013년 부탄의 실업자 약 1만 명 가운데 대학교 이상 졸업자가 3210명, 상급 2차 학교(11~12학년) 이상 졸업자가 2227명으로 이들의 비중이 절반 이상을 차지한다. 여기에 9~10학년 졸업자를 합치면 70%를 넘어, 무학력자나 저학력 실업자를 압도한다.

사정이 이러하다 보니 젊은 층의 실업 문제를 놓고 세대 간 논쟁이 벌어진다. 팀푸 대학을 졸업한 왕디는 아직 취업을 하지 못해 관광 가이드가 되기 위한 수습 교육을 받고 있다. 영어도 잘하고 심성도 고운 친구가 취업을 못하고 있으니 마음이 아프다. 그의 말에 따르면 400명이 졸업했는데 50명은 공무원 등으로 취업했지만 나머지 사람은 변변한 일자리를 찾지 못했다고 한다. 하지만 이에 대해 부탄 관리는 과장된 이야기라고 주장했다.

젊은 층의 실업에 대해 기성세대는 일자리가 없는 것이 아니라 그들이 일하려 하지 않는다고 비판한다. 노동부 관리 푼초의 말을 들어보자.

교육을 받은 청년들은 농사일을 싫어한다. 그들은 모두 공무원이 되고 싶어 하지만 공무원 수를 더 충원할 수는 없다. 저임금이긴 하지만 외국인 노동자 6만~7만 명의 일자리가 있고 기계 기사, 엔지니어 등 높은 임금을 받는 다양한 기술직이 있지만 부탄 젊은이들은 사무직만 선호하고 그런 일을 하려고 하지 않는다. 지금의 젊은이들은 곤궁을 모르는 최초의 세대일 것이다. 내가 어렸을 때는 어려움이 많았고 무엇이든 하려고 했다. 그러나 지금의 젊은이들은 이런 어려움을 모르고, 가족이나 친척들의 도움을 받으며 더 나은 일자리가 생기기만을 기다린다. 하지만 우리는 청년 일자리 문제를 장기적으로는 심각하게 생각하지 않는다. 정책적 부조화, 특히 교육과 노동 시장의 불일치를 해결하면 나아질 것이라고 본다. 특히 관광 산업이 많은 일자리를 창출할 것이다. 젊은이들의 마음 자세를 바꾸고 일할 능력을 갖도록 하는 것이 과제다.

높은 수준의 교육을 받은 젊은이들이 낮은 임금을 받는 힘든 일을 하려고 하지 않는 것은 당연한 일 아닐까? 이런 나의 질문에 푼초는 따로 답변하지 않았다.

부탄의 청년 실업 문제는 마약 문제로 나타나고 있다. 현재 부탄 정부는 약물 사용을 엄격히 규제하고 있다. 가벼운 환각제를 사용하거나 소지하다가 발각되면 징역 3개월, 판매하면 6~9년까지의 징역형에 처해진다. 그러나 이런 엄벌 조치에도 불구하고 마약에 중독된 청년은 되레 늘어나고 있다. 부탄 전역에는 약물 중독자 치료 시설인 '드롭 인 센터 Drop in Center' 일곱 곳이 설치되어 있으며, 야심한 새벽이면 청년들이 기절해 이곳으로 실려 오는 일이 다반사다. 부탄의 한 20대 약물중독자 남성은 《야후 재팬 Yahoo Japan》과의 인터뷰에서 부탄의 마약 실태에 대해 이렇게 설명했다. "약물은 캡슐 형태의 합성 마약으로 한 알에 150눌트룸(약 2500원) 정도인데, 요즘은 인기가 높아져 가격이 250눌트룸(약 4300원)까지 올랐다."*

마약의 대부분은 이웃나라 인도에서 들어온다. 중국과의 국경 갈등 때문에 부탄은 인도와 전략 동맹을 맺고 있다. 신분증만 있으면 양국 간 통행이 자유로우며, 인도를 통한 마약의 반입이 빈번하게 이뤄지고 있는 실정이다. 지난 2011년 마약 치료를 위해 설립된 NGO 단체 CPA의 대표 체완은 '농촌 젊은이들이 도시 생활을 꿈꾸며 팀푸로 떠나지만, 인구 포화 상태인 팀푸에서 자신들이 원하는 일자리를 구하지 못한 채 방황하고 있다'라며 '청년들이 그 스트레스를 풀기 위해 마약에 손을 대고 있다'고 청년 약물 중독의 원인을 분석했다.

부탄 정부는 실업을 해결하기 위한 일자리 창출에 노력하고 있다. 그렇지만 외국 자본을 무차별적으로 받아들이지는 않는다. 부탄은 아직 WTO에 가입하지 않고 있다. 외국 자본을 무분별하게 도입할 경우 잘못하면 인구의 수도 집중과 양극화를 초래할 수 있다. 부탄 정부는 일자리 창출과 지역 균형 발전을 동시에 달성하기 위해 수력발전 이외에 농가공업, 관광업, 건설업, 수공업, 제조업 및 광업 등 다섯 개 부문(부탄에서는 이를 '다섯 개 보물'이라고 표현한다)에 집중적으로 투자한다.

특히, 부탄 최대의 산업인 농업 분야의 발전에 힘을 쏟고 있다. 농산물 유통 및 가공을 발전시켜 농가 소득 증대, 수입 대체와 수

---

\* 　김아람, "'행복 왕국' 부탄 청년들은 과연 행복할까? '취업난' 스트레스 마약으로 풀어", ≪아시아엔≫, 2015년 10월 13일 자.

부탄의 청년들.

출 증대, 상업적 영농을 촉진한다. 고등학교 이상 고학력자들이 농사일이 아니라 농산물 유통이나 가공 부문에서 취업할 수 있도록 장려한다. 관광 산업 부문에서는 현재 서부 지역에 집중된 관광을 전국적으로 확대하고, 특히 관광객의 최소 20%를 낙후된 동쪽 지역으로 유치하기 위해 노력하고 있다. 건설업 분야, 특히 수력발전 부문에서는 노동 조건과 보수 체계를 개선하고 기술과 생산성을 향상해 젊은이들이 건설업 분야에 종사할 수 있도록 적극적으로 지원하고 있다. 수공업 분야에서는 전통문화를 살린 직물, 예술품, 수공예품 등 관광 상품을 개발하고 이를 통해 농촌 지역의 발전에 기여하도록 한다. 이를 위해 수도 팀푸 이외에 동쪽 끝 타시앙체에 전통문화공예학교를 설립해 운영하고 있다. 마지막으로, 제조업 및 광업 부문에서는 중소기업이 성장할 수 있도록 자금을 지원하고 산업지구를 형성하고 항공 수송 등을 지원함으로써 산업 환경을 개선하는 데 주력하고 있다.

# 흔들리는 전통적 가치관과
# 사회적 유대

서구의 시장경제와 개인주의 문화가 유입됨에 따라 부탄의 전통문화와 가치관에도 큰 혼란이 생기고 있다. 특히 청년들이 가장 큰 영향을 받고 있다. 부탄의 젊은이들은 전통 의상보다 청바지를 더 즐겨 입고 머리에는 무스를 바르고 디스코텍이나 바, 가라오케 등에서 노래를 부르고 춤을 춘다. 또한 부탄 사회(행복)를 뒷받침하는 공동체적 문화가 경제 성장과 도시화의 물결에 서서히 떠내려가고 있다.

팀푸 사람들은 대부분 아파트에 거주한다. 부탄에서는 아파트라고 해봤자 한국처럼 대단지 아파트는 아니고 5층 이하 단독 건물이 대부분이다. 그러나 사람들은 생활이 바빠서 가족이나 친구, 이웃과 시간을 보낼 여유가 없고, 심지어 아파트에 누가 사는지 모르는 경우도 있다고 한다. 팀푸 시내는 하수구에 함부로 버려진 쓰레기로 몸살을 앓고 있다. 급증하는 자동차로 인한 대기오염, 건축 붐, 내셔널하이웨이 공사, 농촌 도로 공사, 수력발전소 건설 등으로 인해 환경 문제도 점차 심각해지고 있다.

급격한 사회 변화 속에 자살률도 빠르게 높아지고 있다. 인구 10만 명당 자살자 수가 2009년 11명에서 2013년 13명으로 급증했다(한국은 2014년 기준 27.3명). 부탄은 아시아·태평양 국가 가운데 자살률이 높은 편에 속한다. 특히 젊은이들의 자살이 심각하다. 팀푸에 있는 국가종합병원의 담버 박사는 "학업 부담, 실업, 낮은 자존감, 가족 및 재정 문제 등으로 자살을 많이 한다. 하지만 자살률이 증가하는 사실 자체보다 사람들이 자살에 대해 말하기를 꺼려하고 심각하게 받아들이지 않는 게 더 큰 문제"라고 말했다. 최근 부탄 정부는 '자살 방지 3개년 행동 계획'을 수립해 대응에 나섰다.

부탄은 다른 후진국에 비하면 소득 불평등이 심한 편은 아니지만, 경제가 성장하면서 불평등이 서서히 심해지고 있다. 2007~2012년에 실질 1인당 지출은 2배로 증가했고, 지니계수는 0.381에서 0.388로 약간 상승했다. 최하층인 1분위 계층에 대한 최상층 10분위 계층의 지출 배수도 10.7배에서 11.1배로 약간 높아졌다.

부탄 사람들은 술을 많이 마신다. 가정에서는 곡물 증류주 아라를 가양주家釀酒로 마시지만, 바에서는 주로 부탄 위스키나 맥주를 마신다. 부탄에서는 맥주·위스키·브랜디 등 다양한 술이 생산된다. 부탄 위스키 'K5'는 5대 왕의 취임을 축하해 주조한 것인데,

팀푸 시내의 아파트들.

그 맛이 프리미엄 위스키에는 미치지 못하지만 꽤 괜찮다. 부탄 맥주는 알코올 농도 4.5%짜리, 5%짜리, 8%짜리 세 종류가 있는데 농촌에서는 8%짜리를 주로 마신다. 부탄에서 바는 어디에서나 쉽게 볼 수 있는데 호텔의 고급 술집부터 동네 허름한 선술집까지 매우 다양하다. 최근 조사에 의하면 그 가운데 80%가 불법으로 영업하는 술집이다.

급속한 사회 변화에 대응해서 부탄 정부는 전통적 가치관과 사회적 유대를 강화하기 위해 여러 노력을 하고 있다. 우선 도시화에 따라 개인주의가 만연하는 것을 막기 위해 주택 정책을 바꿨다. 공공주택을 건설할 경우, 이전에는 주택 건설 자체에만 치중했으나 최근에는 어린이 놀이터, 노인 휴식처, 스포츠 시설 등 공동 이용 시설을 함께 짓도록 한다. 또한 모든 학교를 포함해 모든 공공기관을 출입할 때는 반드시 전통 의상을 입도록 한다. 이런 강제는 한때 인종 갈등을 야기하는 요인이 되었으나, 이제는 작은 나라 부탄이 스스로 정체성을 유지하는 데 필요한 조치로 모든 부탄 사람에게 커다란 거부감 없이 받아들여지고 있다.

학생들에게는 반드시 모든 수업시간 전에 5분간 명상하는 시간을 갖도록 한다. 매일 반복되는 이 '5분 명상'은 학생들에게 전통적 가치관과 정체성을 함양하는 데 의외의 성과를 거두고 있다. 부탄 정부는 전통문화를 보전하기 위해 모든 건축물에 부탄 전통 문양이 그려진 창문과 지붕을 갖추도록 규제한다. 또 건물을 3층보다 낮게 짓도록 한다. 심지어 수도 팀푸에서조차 인구 집중을 막기 위해 6층 이상 건축물은 허가를 내주지 않는다. 주택, 아파트, 상가 건물, 공공건물 등 모든 건축물에 전통 문양을 그리도록 강제하지만 자율성이 보장되기 때문에 획일적이라는 인상을 주지는 않는다. 전통적 가치와 문화를 보전하기 위한 부탄 정부의 노력은 의도한 것은 아니지만 부탄 관광 산업의 활성화에 기여하고 있다.

# 부탄과 한국

## 2017년, 국교 30주년을 맞이한 두 나라

최근 부탄에 대한 관심이 높아지면서 한국에서 관광 겸 연수를 가는 사람들이 늘고 있다. 부탄 관광위원회의 통계에 따르면 한국인 관광객 수는 2008년 97명에서 2013년에는 596명으로 6배 이상으로 늘어났다. 이는 전체 외국인 관광객 수가 같은 기간에 2만 7607명에서 4만 4321명으로 늘어난 것에 비하면 매우 빠른 증가율이다. 하지만 2013년 기준 전체 외국인 관광객에서 차지하는 비중은 1.3%에 지나지 않고, 체류기간이 평균 4.85박으로 상대적으로 짧아, 외국인 관광객의 전체 숙박일 수 중 한국인의 숙박일 수가 차지하는 비중 역시 0.95%에 불과하다. 이는 일본이나 중국, 태국 관광객에 비해 현저하게 낮은 수치다.

한국인 관광객 중 다수를 차지하는 사람들은 불교 신도들이었다. 하지만 최근에는 일반 관광객의 비율이 늘고 있고, 공공기관에서 연수를 목적으로 가는 한국인들이 많아지고 있다. 내가 2개월간 부탄에 체류하는 사이에도 박병석 당시 국회부의장 일행과 성남시청 공무원 일행 등이 다녀갔다. 최근에는 인천시 부평구청장이 직원들과 함께 행복정책 연수를 다녀왔다.

한국과 부탄은 1987년 9월 외교 관계를 수립했다. 그러나 아직 양국은 상대방 나라에 대사를 파견하지 않고 방글라데시 주재 대사가 각각 겸직을 하고 있으며, 영사 업무도 방글라데시 대사관에서 처리한다. 아직까지는 한국과 부탄의 상호 경제 의존도는 매우 낮다. 2015년 기준 부탄은 한국으로부터 3억 4400만 눌트룸(약 573만 달러)을 수입했는데, 이는 부탄의 국가별 수입액 중 9위에 해당하지만 전체 수입액의 0.5%에 지나지 않는다. 수출액은 통계에 잡히지 않을 정도로 미미하다(약 5000~6000달러). 참고로 한국은 1987년부터 2012년까지 부탄에 621만 달러를 경제 원조를 했다.

# 1인당 국민소득 1만 달러면 충분하다
부탄의 국민총행복에서 배운다

부탄은 유엔이 정한 최빈국 48개국 중 하나다. 그런데 부탄 국민들의 행복도는 매우 높다. 부탄 국민들의 90% 이상은 자신이 행복하다고 생각하고 있고, 영국 신경제재단NEF의 행복조사Happy Planet Index 등에서도 상위에 속한다. 부탄은 비록 최빈국이지만 여타의 최빈국과는 비교되지 않을 정도로 매력적인 나라다. 자신들만의 독특한 문화와 아름다운 자연환경을 잘 보전하고 있고, 국민들의 국가에 대한 자긍심(정체성)은 매우 강하다. 민주헌법을 도입한 지 10년이 채 되지 않지만, 민주주의가 빠르게 정착하고 있고, 부정부패도 그다지 심각한 수준은 아니고 점차 투명해지고 있다. 가난하지만 소박하고 서로 배려하는 욕심 없는 국민이다. 이들의 여유롭고 소박한 삶은 소비주의와 이기주의 그리고 경쟁에 찌든 이른바 선진국 사람들에게는 동경의 대상이다. 굶주리는 사람이 없고 거지를 찾아볼 수 없으며, 깨끗하게 정비된 거리의 모습과 사람들의 밝은 표정은 부탄이 '가난하지만 행복한 나라'임을 보여준다.

그러나 부탄 정부의 생각은 조금 다르다. 2015년 국민총행복조사에 따르면 행복을 구성하는 아홉 영역 33개 지표 가운데 3분의 2 이상을 충족한 사람, 즉 행복문턱을 넘은 사람은 43.4%에 지나지 않았다. 행복한 사람의 비율이 절반이 안 된다는 이야기다. 불행한 사람은 10%가 채 되지 않았지만 이들을 포함해 '아직 행복하지 않은' 사람의 비율은 절반을 훌쩍 넘는다. '아직 행복하지 않은 사람'의 비중이 높은 이유는 부탄 정부가 정책적으로 달성해야 할 국민행복의 기준을 상당히 높게 정하고 있기 때문이다. 만약 충분문턱의 기준을 조금 낮추고, 33개 지표 중 절반 이상만 충족하면 행복문턱을 넘는 것으로 평가 기준을 달리한다면, 부탄 국민의 90% 이상이 행복한 것으로 조사될 것이다. 그렇지만 부탄 정부는 그럴 생각이 없다. 높은 수준의 목표를 정하고 그것을 달성하기 위해 노력하는 게 정부의 임무이기 때문이다. 이미 1729년에 부탄은 법전을 통해 "백성을 행복하게 하지 못하는 정부는 존재할 이유가 없다"라고 규정했다. 부탄 정부는 국민행복 증진을 위해 더 많은 소득과 일자리, 더 좋은 교육과 의료 서비스를 제공할 수 있는 물적 토대(경제 성장)가 필요하다는 것을 잘 알고 있다. 다만, 이런 경제 성장을 그들의 전통문화나 환경 그리고 사회적 유대를 해치지 않는 범위 안에서 달성하려고 한다. 한마디로 말해서 현재 부탄 정부는 국민총행복을 위해 경제적·사회적·문화적·환경적으로 균형 있는 지속 가능한 발전을 추구한다.


*


부탄의 국민총행복이 한국 사회에 주는 시사점은 무엇인가. 1인당 국민소득이 우리나라의 10분의 1밖에 되지 않는 인구 75만 명이 살고 있는 소국 부탄의 국민총행복정책에서 우리는 무엇을 배울 수 있을까?

이스텔린의 역설을 다시 생각해 보자. 이스텔린은 "부유한 나라가 가난한 나라보다 더 행복하지는 않다"라고 말했다. 한국인이 부탄 사람보다 부유하다는 것은 의심의 여지가 없지만, 우리가 더 행복한지는 알 수 없다. 개인적인 의견을 묻는다면 나는 부탄 사람이 더 행복하다고 생각한다. 그러나 이런 비교는 별 의미가 없다. 사회가 너무 다르기 때문이다. 2년 전 부탄연구소 연구원을 초청해 세미나를 한 적이 있다. 부탄의 행복정책과 사람들의 일상에 대한 설명이 끝난 뒤 내가 물었다. "부탄 사람이 행복한가, 우리나라 사람이 행복한가?" 모든 사람이 부탄 사람이 행복한 것 같다고 답했다. 다시 물었다. "부탄에 살고 싶은가, 한국에 살고 싶은가?" 거의 모든 사람이 한국에 살고 싶단다. 개똥밭에 굴러도 이승이 낫다는 얘기다. 우리는 어차피 이 땅에서 살아가야 한다.

이스텔린은 "한 나라가 부유해진다고 해서 그들이 더 행복해지는 것은 아니다"라고 분명하게 말했다. 한국은 2000년 이후 국내 총생산량과 1인당 국민소득이 2배 이상 증가했지만 국민의 삶은 나아지지 않았다. 오히려 피폐해졌다. 신자유주의 정책으로 양극화와 사회적 격차가 심해졌고, 무한 경쟁 속에서 사회적 유대가 급속히 붕괴되었기 때문이다. 부탄은 국민총행복조사의 결과가 보여주듯 국민소득과 함께 국민행복이 증가하고 있다. 부탄은 성장 잠재력이 매우 큰 나라다. 부탄이 지금처럼 경제, 사회, 문화, 환경이 균형적으로 발전한다면 국민소득의 증가와 함께 국민의 총행복은 반드시 계속해서 증진될 것이다.

최근 행복에 대한 관심이 높아지면서 덴마크를 비롯한 북유럽에 살고 있는 사람들의 행복한 삶을 소개하는 문헌들이 늘고 있다. 바람직한 현상이다. 그러나 잘못하면 오해를 불러올 수도 있다. 북유럽 국가들이 오늘과 같은 행복한 사회를 만들기 위해 어떤 노력을 해왔는지는 보지 않고 현재 그들이 누리고 있는 삶의 조건만 말해서는 안 된다. 왜냐하면 오늘 그들의 '행복한 삶'은 적어도 1인당 국민소득 6만 달러 이상의 물적 토대 위에서 누리고 있는 것이기 때문이다. 이를 잘못 받아들이면 한국도 그들처럼 '행복한 삶'을 누리기 위해서는 1인당 국민소득을 지금보다 2배 이상으로 올려야 한다는 성장 담론에 빠질 수 있다. 우리가 앞으로 '성장 제로' 혹은 저성장 시대에 살아야 한다면, 나는 덴마크와 같은 북유럽 국가보다는 오히려 한국보다 국민소득이 10분의 1밖에 되지 않는 가난한 나라 부탄의 국민총행복정책에서 배울 것이 더 많을 것이라고 생각한다.

예를 들면, 우리는 북유럽 국가의 무상의료와 무상교육 시스템을 부러워하면서도 그것을 뒷받침할 돈이 없다는 핑계로 남의 일로 치부한다. 그러나 한국보다 국민소득이 10분의 1밖에 안 되는 가난한 나라 부탄은 이미 무상의료와 무상교육을 시행하고 있다. 한국도 하지 못할 이유가 없다. 서비스의 질은 각 나라의 물적 토대에 따라 다르겠지만, 무상의료와 무상교육 시스템을 도입하는 것 자체는 국민소득 수준이 문제가 되지 않는다. 부탄의 국민총행복정책이 이를 잘 보여준다. 1인당 국민소득이 2800달러인 나라가 하는 정책을 2만 8000달러인 나라가 못할 이유가 없다.

부탄의 국민총행복에서 '총'은 두 가지 의미로 재해석할 수 있다. 부탄의 국민총행복은 영어로 'Gross National Happiness'다. 즉, 합계의 의미로 '총gross'을 사용하고 있다. 이는 국민총행복의 양적 개념이라고 할 수 있다. 그러나 부탄의 국민총행복은 단순히 국민행복의 총합을 의미하는 것은 아니다. 여기에서 '총'은 '모두everyone'의 행복이란 뜻을 내포하고 있다. 국민총행복의 질적 개념이다. 부탄의 국민총행복정책은 양과 질 두 측면에서 국민행복의 증진을 추구한다. 이는 부탄의 국민총행복정책이 '아직 행복하지 않은 사람'에 초점을 맞추고 있다는 사실에서 확인할 수 있다. 부탄 국민총행복위원회의 관리에게 부탄에서 행복한 사람은 어떤 사람인지 물었다. 그는 이렇게 대답했다. "모른다. 우리는 행복한 사람에게는 관심이 없다. 우리의 역할은 '아직 행복하지 않은 사람'을 행복하게 하는 것이기 때문이다." 부탄 정부는 '아직 행복하지 않은 사람'의 행복 증진을 통해 국민총행복의 총량을 증대하겠다는 것이다. 이를 위해 부탄은 '아직 행복하지 않은 사람'이 무엇이 부족한지, 당장 필요로 하는 것이 무엇인지를 찾아서 그것을 채워주기 위해 노력하는 일종의 맞춤형 행복정책을 추진한다.

한국과 부탄의 국민총행복의 질적 차이는 '유엔 행복 보고서'의 조사에서도 잘 나타나고 있다. 2016년 '유엔 행복 보고서'에 의하면 한국은 조사 대상 157개국 가운데 58위, 부탄은 84위를 차지했다. 한국이 부탄보다 행복하다는 것이다. 과연 그럴까? '유엔 행복 보고서'는 1인당 국내총생산(구매력 평가), 기대수명, 사회적 지지social support, 인생에서의 선택의 자유, 관용generosity, 부패 인식 등 변수 여섯 개를 조사한다. 이 조사에서 한국은 부탄에 비해 1인당 국내총생산과 기대수명에서 훨씬 높은 점수를 받았다. 반면에 나머지 변수 네 개에서는 모두 부탄보다 낮은 점수를 받았다. 특히, "어려움에 처했을 때 도움을 받을 친척이나 친구가 있는가?"라는 질문(사회적 지지)과 "지난 한 달간 자선단체에 돈을 기부한 적이 있는가?"라는 질문(관용)에서 부탄에 비해 현저하게 낮은 점수를 받았다. 한국은 돈이 많아 좋은 의료 서비스를 제공하고 있기 때문에 부탄 사람보다는 부유하게 오래 살지만, 사회적 유대·자유·관용·정부 신뢰 등이 부족하기 때문에 삶 자체가 행복하다고 할 수는 없다.

그런데 더 놀라운 사실은 위의 행복 순위는 평균적인 관점에서 측정한 것이고, 여기에 '평등의 관점'을 도입하면 순위가 전혀 달라진다. 같은 유엔보고서에서는 삶의 질(행복)의 평등도를 계산했는데, 부탄은 행복 평등도 부문에서 1위를 기록했고 한국은 96위를 기록했다. 한국의 평균적 행복 수치가 부탄보다 높은 이유는 부유한 소수의 행복도가 전체 수치의 평균값을 올렸기 때문이다. 국민 대다수는 행복하지 않다. 반면에 부탄은 소득이 낮아 행복의 평균점수가 낮지만 국민 대다수가 고루 행복을 누리고 있다.

*

이제 우리가 부탄의 국민총행복정책에서 배워 행복한 사회로 나아갈 길에 대해 생각해보자.

첫째, 성장만을 좇는 '경제 성장 지상주의'에서 '국민총행복의 증진'으로 우리 사회의 패러다임을 전환해야 한다. 경제 성장 지상주의는 크게 세 명제로 구성된다. 하나, 경제는 무한히 성장할 것이다. 둘, 경제가 성장하면 모든 문제가 해결될 것이다. 셋, 따라서 경제 성장을 위해 다른 것들은 희생해도 된다. 이 세 명제 가운데 어느 하나도 지금은 설득력이 없다. 우리나라는 이미 저성장 시대로 접어들었다. 지금의 재벌경제 체제로는 앞으로 한국 경제가 크게 성장할 가능성은 매우 낮다. 심지어 마이너스 성장을 우려하는 사람도 많다. 과거 고도성장의 향수는 빨리 잊어야 한다. 경제가 성장하기도 어렵고, 경제가 성장해도 국민행복의 총량이 증대하지 않는 게 현실이다. 더욱이 낙수효과trickle down effect가 더 이상 작동하지 않는 현실에서 성장을 통해 '아직 행복하지 않은 사람'의 행복을 증진시킬 수는 없다. 그럼에도 불구하고 여전히 경제 성장 지상주의가 힘을 발휘하는 것은 이런 소수 지배 계급의 담론이 대중의 의식을 지배하고 있기 때문이다.

박근혜 대통령은 지난 대선에서 '국민행복시대'를 열겠다고 약속했지만 실패했다. 국민의 행복은 양적gross으로도 증진되지 않았다. 전체 국민의 1%만 행복이 늘어났고, 나머지 국민의 행복은 오히려 낮아졌다. 박근혜 정부의 '국민행복'은 정치적 레토릭에 지나지 않았다. 본질은 박정희 정권기 개발독재 이후 한국 사회를 지배해온 경제 성장 지상주의였다. 저성장 시대에도 국민행복의 총량과 모두의 행복을 동시에 증진하기 위해서는 경제·사회·문화·환경 등 여러 분야를 균형감 있게 아우르는 통합적인 발전 전략이 필요하다. 그리고 국민 모두의 행복이 증진될 때 국민행복의 총량도 자연히 증대될 것이다. '다수의 빈곤(불행)'이라는 바다 위에 떠 있는 '극소수의 풍요(행복)'라는 섬은 오래갈 수 없다.

둘째, '아직 행복하지 않은 사람'의 빵(기본적인 의식주) 문제를 해결해야 한다. 이를 위해서는 분배와 재분배가 획기적으로 개선되어야 한다. 한 사회나 개인이 행복하기 위해서는 일정한 물질적 토대를 필요로 한다. 인간은 빵만으로는 살 수 없다는 성경 말씀은 역설적으로 빵의 중요성을 말한다. 빵, 즉 기본적인 의식주가 해결되지 않는다면 우리는 행복을 논할 수 없다. 부탄 역시 국민총행복을 위해 더 많은 빵을 생산해야 한다. 그러나 한국 사회는 더 많은 빵을 생산하는 일보다 생산된 빵을 골고루 잘 나누는 일이 더 중요하다.

풍요 속의 빈곤으로 고통 받는 사람이 너무 많다. 동국대학교 김낙년 교수의 연구에 따르면 2010년 한국 개인 소득자의 평균 소득은 2046만 원인데, 전체를 일렬로 세웠을 때 중간에 해당하는 중위 소득은 평균 소득의 50% 수준인 1074만 원이다. 전체 국민의 약 절반이 월 90만 원 이하의 소득으로 생활하고 있다. 그 이유는 상위 10%에 해당하는 소득 10분위 계층의 소득이 전체의 48%를 차지하는 극심한 소득 불평등 때문이다. 이 문제를 해결하기 위해서는 분배와 재분배의 두 가지 측면에서 획기적인 개선이 필요하다. 우선 시장에서의 분배가 제대로 이루어져야 한다. 시장에서 경제 활동을 하면서 제대로 대가를 받지 못하는 비정규직 노동자, 중소기업 노동자, 영세 자영업자, 여성, 농민 등에게 정당한 보수가 돌아가야 한다. 그리고 일자리를 갖지 못한 청년들에게는 번듯한 일자리가 제공되어야 한다. 이런 문제들을 해결하기 위해서는 모든 불평등의 근원인 재벌 체제를 개혁해 재벌과 대기업의 몫(이윤)을 줄이고, 일하는 사람들과 중소 영세기업의 몫을 늘려야 한다.

하지만 시장에서의 분배를 개선하는 것만으로는 불충분하다. 시장에서의 경제 활동에 참여하지 못하고 있거나(실업 상태) 불완전하게 취업하고 있는 사람들, 경제 활동 취약자(노인, 여성, 장애인 등)에게는 재분배 정책이 필요하다. 특히 한국의 노인 빈곤율은 49.6%로 OECD 국가의 평균 노인 빈곤율(12.6%)의 4배에 달하는 압도적 1위다. 이런 문제들을 해결하기 위해서는 국가의 재분배 복지 정책을 획기적으로 강화해야 한다. 부탄의 국왕은 토지가 없거나 적은 농민에게 토지를 나눠줘야 할 의무kidu가 있다.

분배와 재분배 문제를 개선하기 위해서는 자산가, 고액 소득자 등 상대적으로 경제적 여유가 있는 사람들의 양보 – 증세와 기부 등 – 가 불가피하다. 따지고 보면 그들의 부는 '아직 행복하지 않은 사람들'의 희생 위에서 축적된 것이 적지 않다. 같은 1원이라도 부자와 가난한 사람이 체감하는 가치(1원의 한계행복)는 다르다. 부자의 소득이 100만 원 줄어든다고 해서 그의 행복이 크게 줄지는 않을 것이다. 그러나 가난한 사람의 소득이 100만 원 늘어난다면 그들의 행복은 엄청나게 증가할 것이다. 경제가 성장해 사회전체의 파이 크기가 늘어나지 않더라도, 국민총행복량이 증대할수는 있다는 것이다. 이렇게 분배와 재분배 시스템이 개선된다면 경제도 덩달아 성장해, 전체 파이를 키우고 종국에는 부자의 파이도 키워줄 것이다.

셋째, 의료 및 교육 등 기본적인 사회 서비스는 무상으로 제공되어야 한다. 부탄 사람들은 비록 소득은 적지만 미래에 대한 불안이 거의 없다. 아프면 국가가 모든 의료 서비스를 무상으로 제공하고, 아이가 공부만 잘하면 대학까지도 학비 걱정이 없다. 물론 부탄의 의료나 교육 서비스의 질이 한국에 비해서는 열악하지만, 그 나라의 발전 수준에서는 최선을 다하고 있다. 한국인은 소득이 적지는 않지만 늘 돈 때문에 시달린다. 모든 대화는 돈으로 시작해서 돈으로 끝난다. 가장 커다란 이유 중 하나가 교육비와 의료비 걱정 때문이다. 중학교까지는 의무교육으로 무료지만 사교육에 들어가는 엄청난 비용을 감당해야 하고, 대학 등록금은 세계에서 가장 비싼 수준이다. 국민건강보험 제도가 있지만 매우 불충분해 실손 보험을 비롯해 암 보험 등 각종 사보험에 국민 대다수가 가입하고 있는 실정이다. 사적으로 부담하는 교육비와 의료비의 일부만이라도 공적으로 잘 활용한다면, 질 좋은 교육과 의료 서비스를 국민에게 무상으로 제공할 수 있을 것이다.

넷째, 일과 여가의 균형이 필요하다. 부탄 정부는 국민들에게 하루 8시간 노동하고, 8시간 잠자고, 나머지 8시간은 가족이나 이웃과의 관계에 사용할 것을 권고한다. 부탄 행복위원회의 관리는 "우리가 일을 더 많이 하면 소득은 늘어나겠지만 행복을 해친다. 따라서 우리는 국민들에게 8시간만 일하도록 권하고 있다"라고 말한다. 이것을 실천하기 위해 정부 및 공공기관은 오후 5시가 되면 칼같이 퇴근한다. 부탄 공무원은 한국과 달리 접대가 많지 않고 급여가 적기 때문에 점심에는 도시락을 가져오는 사람이 많고 저녁은 거의 집에서 먹는다. 이른바 저녁이 있는 삶을 누린다. 정부는 민간 부문에 대해 8시간 노동을 지킬 것을 권유한다.

한국 근로자의 평균 연간 노동 시간은 2124시간으로, OECD 국가 평균에 비해 주당 6.8시간이나 많으며 OECD에서 멕시코 다음으로 두 번째로 길다. 독일 노동자에 비해 1.6배 길며, 1년으로 치면 4개월이나 일을 더 한다. 반면에 노동생산성은 OECD 회원국 34개국 가운데 28위로 매우 낮다. 노동 시간을 줄이면 일과 여가의 균형을 회복하고 노동 생산성을 향상할 수 있을 것이다. 또 새로운 일자리를 창출할 수 있을 것이다.

다섯째, 문화적 자긍심을 높여야 한다. 부탄은 세계에서 가장 작은 나라 중 하나지만, 문화적 다양성과 풍부함은 심오하다. 부탄은 중국과 인도라는 양대 국가 사이에서 생존하고 있는데, 국가 주권을 지키기 위해서는 자신들만의 독특한 문화를 보존하고 증진하는 것이 반드시 필요하다고 믿고 있다. 그리고 그런 문화 보존이 행복에 기여한다고 확신한다. 부탄 사람들은 탄생, 결혼, 장례, 의식주에 이르기까지 매우 독특한 문화를 갖고 있고, 일상 생활 속에서 전통문화를 지키며 살아간다. 일하는 시간 — 직장이나 학교 — 에는 부탄 전통 의상을 입어야 한다. 학교에서는 명상 시간을 반드시 갖는다. 그리고 가정에서는 전통 음식을 먹는다. 부탄 문화위원회의 관리는 "부탄이 고유한 문화를 상실한다면 부탄은 이미 부탄이 아니다"라고 높은 자긍심을 뽐낸다.

그렇다고 부탄이 문화적으로 폐쇄된 사회라는 것은 아니다. 부탄 헌법 제4조는 "국가는 문화를 진화하는 동태적 힘으로 인식하고, 진취적 사회에서 끊임없는 진화를 통해 전통적 가치와 제도를 지속적으로 강화해야 한다"고 규정하고 있다. 개방을 하지만, 동시에 세계화로부터 전통문화와 역사적 기념물을 보호하기 위해 '유산보호법'을 제정해 부탄식의 '세방화glocalization'를 추구하고 있다.

우리는 세계에 어떤 문화를 내세울 것인가. 안타깝게도, 우리의 전통문화는 새마을운동과 함께 대부분 파괴되었다. 새마을운동은 '초가집을 없애고 마을길을 넓혔을' 뿐 아니라, 농촌에 남아 있던 많은 전통과 유산을 청산해야 할 낡은 것으로 치부했다. 마을의 전통 축제는 없어지고 어느 날 체육대회가 그 자리를 대신했다. 전국에서 지자체들이 앞다퉈 축제를 벌이고 있다. 그 수가 전국적으로 2000개가 훨씬 넘는다고 한다. 그러나 그 많은 축제 가운데 지역의 고유한 역사성이나 개성을 반영한 것은 극히 드물다. 거의 모든 축제가 가수를 불러 놓고, 놀고 마시며 기껏해야 지역 특산물을 홍보하는 수준에 머물고 있다. 그 나물에 그 밥이다. 축제는 지역민이 즐기는 자리가 아니고, 관광객을 유치해 돈을 버는 자리가 되었다. 그렇지만 거의 모든 축제가 지역 경제에 이바지도 못하고 상업적으로도 성공하지 못해 예산만 낭비한다는 비난을 받고 있다.

부탄 사람들은 축제(체추)에 마을 사람들이 모두 참여해 축복을 받고 죄를 씻고, 술과 음식을 함께 나누며 춤추고 노래한다. 이를 통해 휴식을 취하며 친지 및 이웃과 교류하며 사회적 유대를 공고하게 다진다. 부탄에서 축제는 돈벌이 수단이 아니라 생활의 일부다. 그리고 이렇게 독특하고 화려하며 영적인 부탄의 축제에 매료된 많은 외국인이 체추에 참가하고, 결과적으로는 지역 경제에도 도움이 된다.

우리나라에서는 모든 문화가 돈으로 통한다. 기업은 두말할 나위 없고, 정부조차 돈 되는 문화 산업 육성에만 관심이 있다. 전통문화나 상업적으로 돈이 되지 않는 문화는 안중에도 없다. 그저 면피용 지원만 할 뿐이다. 이른바 케이팝이 한류로 각광을 받자 정부는 케이팝을 한국의 대표 문화로 육성하겠다고 발표했다. 가당치도 않다. 세계 어느 누가 케이팝을 한국의 고유문화로 받아들이겠는가? 그것은 잘해야 서구의 소비문화의 아류에 불과하다. 나는 케이팝의 인기와 가치를 부정하지는 않지만, 그와 같은 돈벌이 문화 산업은 연예 기업에 맡기면 된다고 생각한다. 화려한 케이팝의 뒤에 숨겨진 수많은 어린 소녀, 소년의 피눈물을 국가가 조장할 일은 아니다.

여섯째, 환경을 보전하고 기후 변화 시대에 대응해야 한다. 부탄 헌법은 국토의 60% 이상을 숲으로 유지하도록 규정하고 있고, 실제로 숲이 국토 면적의 70% 이상을 차지하고 있다. 국토의 절반 이상을 국립공원 등으로 보호하고 있다. 기후 변화 시대에 대응해 2020년까지 화석 연료의 수입을 70% 삭감하겠다는 야심찬 계획을 갖고 있다. 부탄이 처음부터 이렇게 강력한 환경보호 정책을 실시한 것은 아니다. 경제 개발에 한 푼의 외화가 아쉬웠던 부탄은 1960~1970년대에는 삼림을 벌채해 수출하기도 했다. 그러나 이런 삼림 파괴가 산사태와 홍수를 유발해 엄청난 피해를 가져오고 장기적으로 국민행복에 도움이 되지 않는다는 것을 깨닫고는 헌법에 규정할 정도로 강력한 삼림 보호 정책을 실시하고 있다. 이렇게 지켜진 히말라야의 수려한 자연 경관과 생태 다양성은 외국인 관광객을 끌어들이는 중요한 자원으로 활용되고 있다. 그리고 부탄 최대의 수출 산업인 수력발전을 통해 국가경제에도 기여하고 있다. 당시 1인당 소득이 1000달러도 안 되던 나라(1970년 부탄의 1인당 국민소득은 200달러 수준이었다)의 사람들이 당장의 이익에 얽매이지 않고 자연을 지켰더니, 자연이 인간에게 보답한 것이다. 부탄이 우리의 교사다. 더 이상 국민소득 3만 달러에도 만족하지 못하고, 눈앞의 돈벌이에 눈이 멀어 난개발과 환경파괴를 일삼는 행위를 해서는 안 된다.

환경에 대한 부탄과 한국 정부의 시각 차이는 친환경 농업 정책의 차이에서도 확인할 수 있다. 한국의 친환경 정책은 농산물 시장 개방에 대응한 중소 농가의 소득 대책으로 도입되었다. 환경과 토양에 대한 배려 없이 친환경 유기자재를 사용해 돈만 많이 벌면 그만이다. 반면에 부탄의 유기농업 정책은 GNH의 네 기둥 중 하나인 생태계와 환경 보전을 위한 지속 가능 농업을 위해 채택한 것이다. 이는 기후 변화에 대응해 탄소 중립적 발전을 추구하며 100% 유기농업화를 목표로 한다. 한국의 농업 정책 역시 부탄의 장기적이고 생태주의적인 정책을 참고해야 한다.

일곱째, 공동체 문화를 회복하고 사회적 유대를 강화해야 한다. 부탄에는 남이 없다. 가족, 이웃, 친구 사이의 사회적 유대와 사회적 안전망이 부탄의 행복을 지탱하는 가장 강력한 힘이다. 2012년 부탄 생활수준 조사 결과에 의하면 부탄 사람 가운데 83%가 이웃에 대해 신뢰를 표시했으며, 거리감을 느끼는 사람은 10%가 되지 않는다. 부탄 사람 중 87%는 경제적으로 어려울 때 돈을 빌릴 수 있는 사람이 적어도 한 명 이상 있다. 그리고 지난 5년간 이웃에 대한 신뢰가 좋아졌다는 사람이 46%인 반면에 나빠졌다고 대답한 사람은 4.7%에 지나지 않는다. 한편, '서울서베이 2016'의 결과에 따르면 이웃을 신뢰하는 시민은 전체 서울 시민 중 39.6%에 불과하다. OECD 2015년 조사에서 한국은 "곤경에 처했을 때 도움을 받을 가족이나 친구가 있는가?"라는 질문 등이 포함된 사회적 지원 네트워크 부문에서 최하위에 머물렀다. 1등만 살아남는 무한 경쟁 속에서 사회적 유대가 붕괴되고 있다. 한국 사회는 모두 외로운 '외톨이 사회'로 전락하고 있다.

이제 아이들에게 경쟁이 아니라 더불어 살아가는 법을 가르쳐야 한다. 특히 인간을 이기심이 충만하며 자기 이익의 극대화를 추구하는 '호모 이코노미쿠스(경제인)'으로 보는 왜곡된 인간관에서 탈피해야 한다. 끝없는 경쟁을 조장할 것이 아니라, 따뜻한 두 손을 맞잡고 사회를 형성해 살아가는 인간의 본성과 가치관을 배양해야 한다. 요즈음 유행하는 '마을 만들기'도 개발이 아니라 함께 살아가는 생활 공동체를 지향해야 한다. 모두가 참여해 하나되는 지역 전통 축제도 부활되어야 한다.

여덟째, 굿 거버넌스를 구축해야 한다. 그러기 위해서는 좋은 민주주의를 발전시켜야 한다. 정치는 한 사회의 다양한 문제와 갈등을 해결하고 미래 사회를 열어가기 위한 가장 강력한 수단이자 마지막 보루다. 물론 그것에는 민주주의가 잘 실현되고 있다는 전제가 필요하다. 부탄은 2008년 절대군주국에서 입헌군주국으로 전환했다. 이제 막 민주주의의 걸음마를 뗀 것이다. 그럼에도 불구하고 2013년 총선에서 평화적 정권 교체를 실현했다. 부탄 정치의 중심에는 국왕이 있다. 입헌군주국으로 전환했지만 헌법이 보장하는 국왕의 권한은 여전히 막강하다. 그러나 국왕은 민주주의로의 원활한 이행을 위해 권한을 행사하거나 직접 통치하지는 않는다. 그저 국가의 상징으로만 존재할 뿐이며 부탄 사회의 갈등을 치유하고 미래 비전을 제시하는 역할을 수행한다. 부탄 국왕은 외유를 거의 하지 않는 대신, 국민과의 소통을 위해 주기적으로 전국 방방곡곡을 방문한다. 교통이 좋지 않아 산간벽지를 방문할 때는 비포장 자갈길을 몇 시간씩 걸어야 하지만 이를 마다하지 않는다. 부탄의 국민총행복정책이 온전하게 지켜지고 발전하는 데는 국민과 잘 소통하는 국왕이 있었기 때문이라고 말할 수 있다. 국민들은 국왕을 존경하고, 정치인과 관료들은 국왕의 정치 철학(국민총행복)에 공감하며 충실히 이행한다.

한국은 부탄에 비해 민주주의의 역사가 훨씬 길고, 제도도 상대적으로 잘 갖추고 있다. 그렇다고 한국이 부탄보다 민주주의가 더 잘 구현되고 있다고는 말하기는 힘들다. 2015년 OECD 조사에 의하면 한국인 세 명 중 두 명은 정부를 신뢰하지 않는다. 조사 대상 41개국 가운데 26위로 중하위권이다. 인도네시아, 터키, 브라질보다도 정부 신뢰가 낮다. 한국보다 낮은 국가는 이탈리아·포르투갈·스페인·그리스 등 재정 위기 국가들이다. 국민과 소통하지 않는 제왕적 대통령, 혐오의 대상으로 전락한 정치인, 대통령만 바라보는 해바라기 같은 고위 관료, 국민이 불신하는 검찰과 사법부, 권력과 돈에 기생하는 언론, 사회에 만연한 부정부패⋯⋯. 이 모든 것을 해결하지 않으면 민주주의가 제대로 작동할 수 없다. 정치 제도를 개혁하고 이를 뒷받침할 시민 사회의 성장이 필요하다.

마지막으로, 사람들의 행복한 삶이 실현되는 현장인 지역사회를 복원해야 한다. 지역은 경제, 문화, 생태의 복합체다. 지역은 인간이 서로 협동해 자연에 작용하고 자연의 일원으로서 인간답게 살아가는 장이며, 생활의 기본권역으로서 인간 발달·자기 실현·문화 계승 및 창조가 이루어지는 곳이다. 고대 이래 인류의 역사는 지역의 역사였고 지역은 자립적·주체적 존재다. 인간의 경제 과정은 지역을 기본 단위로 조직되어 왔고, 사람들은 일상적으로 필요한 생활 물자나 서비스를 토지·자원·에너지·노동 등 지역의 생산 요소를 투입해 자급했다. 이것이 기초가 되어 지역 간 분업을 형성해왔다. 그러나 자본주의 이후 분업과 교환이 지역경제를 넘어 국민경제 규모로 진전되고, 또 지역 경제가 초국적 자본에 의한 세계화 과정에 편입되면서 지역의 자립성은 사라지고 국민 경제와 세계 경제에 종속되었다. 이 과정에서 자연 환경은 물론 획일적인 소비와 생활양식으로 인해 각 지역의 다양한 문화, 삶의 양식이 쇠퇴했다. 그 결과 생산력 발전과 물질적 성장에도 불구하고 삶의 질은 더 나빠졌고 국민의 행복도 역시 오히려 후퇴하고 있다.

지역이 '인간이 서로 협동하고 연대하여 생활상의 필요를 함께 실현하는 삶의 공간'으로 복원될 때, 국민총행복의 증진을 위한 경제, 사회, 문화, 환경 등이 동시에 고려된 통합적이고 지속 가능한 발전이 가능하다. 이것을 가능하게 만들기 위해서는 지역이 자기 문제를 해결할 권한과 책임을 지닌 주체적 존재가 되지 않으면 안 된다. 그런 점에서 제대로 된 지방 분권과 지방 자치의 실현은 국민총행복의 증진을 위한 필요조건이다. 오늘날 지역에서 들불처럼 일어나고 있는 협동 사회 경제 운동은 그런 점에서 분명 주목해야 할 좋은 조짐이다. 인구 75만 명이 사는 작은 나라 부탄이 분권과 자치를 실현하기 위해 이토록 노력하는데, 하물며 인구 5000만 명이 넘는 한국에서 제대로 된 지방분권과 지방자치가 얼마나 중요한지는 두말할 나위가 없다.

*

나는 이 글에서 부탄이 한국보다 우월한 국가라고 주장하려는 것은 아니다. 다만, 1인당 국민소득이 우리의 10분의 1에 지나지 않는 나라가 국민총행복을 위해 얼마나, 어떻게, 잘 노력하고 있는지를 살펴보고자 했다. 그리고 그것으로부터 우리가 무엇을 배울 수 있을지를 살펴본 것이다. 나는 서두에서 말했듯이, 물질·정신·문화·환경 등을 균형 있게 추구하는 부탄의 국민총행복정책이 지금처럼 잘 추진된다면 20년 뒤의 부탄은 1인당 국민소득 1만 달러만으로도 행복하게 살 수 있는 나라가 되어 있을 것으로 믿는다.

물론 위험 요소는 도사리고 있다. 나라가 빠른 속도로 개방되면서 서구 소비문화와 물질문명의 공격을 받고 있다. 1991년에 출간된 『오래된 미래Ancient Futures』에서 저자 헬레나 노르베리 호지Helena Norberg-Hodge는 인도의 라다크가 1975년 외국인 관광객에게 개방되고 본격적으로 개발되면서 그들의 전통문화와 가치관이 파괴되는 과정을 그리며 슬퍼한다. 라다크는 인도 북쪽 끝 티베트 고원에 위치한 고지대 사막 지역이다. 외지인이 보기에는 황량하고 살기에 부적합한 곳이지만, 라다크 사람들은 놀랄 만큼 풍족한 문화를 일궜다. 편의 시설이나 사치품은 없지만, 서구 사회보다 훨씬 더 지속 가능한 방식으로 물질적 욕구를 충족했을 뿐만 아니라 정신적으로도 만족했다. 1975년 라다크를 방문한 그녀는 외진 마을을 구경했는데 모든 집이 넓고 예쁘기에, 가난한 집을 보여 달라고 했다. 하지만 안내하는 청년이 "이곳에는 가난한 사람이 없어요"라고 답했다고 한다. 그런데 8년 뒤 그 청년이 다른 여행객에게 이렇게 말했다는 것을 전해 듣는다. "라다크 사람들을 도와주셨으면 해요. 우리는 너무 가난해요." 자신들의 전통에 대한 자부심은 서구에 대한 열등감으로 바뀌었다. 호지는 이 것을 라다크가 '세계화에 진입'하면서 벌어진 일이라고 말한다.

　'은둔의 나라' 부탄이 세계와 소통하기 시작한 것은 1999년이고, 2000년대에 이르러 본격적으로 세계에 개방되었다. 그러나 부탄은 라다크처럼 무분별하게 '세계화에 편입'된 것은 아니고, 규제되고 계획된 개방을 추진하고 있다. 부탄이 '규제되고 계획된 개방'을 통해 1인당 국민소득 1만 달러까지 성장을 실현하면서도 자신들의 고유한 문화와 환경을 보전해 국민총행복을 증진하는 데 성공한다면, 경제 성장을 갈망하는 많은 개발도상국에 세계화의 새로운 모델을 제시할 수 있을 것이다. 또한 한국처럼 신자유주의 세계화의 물결에 휩쓸려 떠내려가는 '잘 살면서도 불행한 나라'에 대해서도 좀 더 행복한 사회로 나아갈 길을 인도할 수 있을 것이다. 이것이 바로 최빈국 부탄이 온전하게 행복한 나라로 발전할 수 있도록 지원하고 그들과 교류를 이어나가야만 하는 이유다. 부탄의 실험은 지금도 계속되고 있다.

지은이 **박진도** 朴珍道

서울대학교 경제학과를 졸업한 뒤 일본 도쿄 대학에서 경제학 박사학위를 받았다. 미국 하버드 대학과 영국 뉴카슬 대학에서 객원연구원으로 활동했다. 충남대학교 경제학과에서 35년간 경제발전론, 농업경제학, 정치경제학 등을 가르치며 연구했고 현재는 명예교수로 재직하고 있다. 2004년에 지속 가능한 지역사회를 만들어갈 지역 리더를 양성하기 위해 지역재단KRFD을 설립해, 2014년부터 이사장으로 일하고 있다.

충남발전연구원 원장으로 재직하던 2011년과 2013년 두 차례 부탄을 다녀오고 2015년에는 두 달간 체류한 뒤, '국민총행복'이라는 지표를 모든 정책의 기준으로 삼는 부탄 정부의 국민총행복정책을 한국의 현실에 적용하기 위한 방안을 연구하고 있다. 대통령자문정책기획위원회 위원, 농정연구센터 소장, 한국사회경제학회 회장, 한국농업정책학회 회장 등을 역임했으며, 『위기의 농협, 길을 찾다』(2015), 『순환과 공생의 지역만들기』(2011), 『WTO 체제와 농정개혁』(2005), 『그래도 농촌이 희망이다』(2005), 『농촌개발정책의 재구성』(2005), 『한국자본주의와 농업구조』(1994) 등을 저술했다.

한울아카데미 1953

# 부탄 행복의 비밀

1인당 국민소득 1만 달러면 충분하다

ⓒ 박진도, 2017

**지은이** 박진도
**펴낸이** 김종수
**펴낸곳** 한울엠플러스(주)

**편집책임** 조인순

**초판 1쇄 발행** 2017년 2월 15일
**초판 3쇄 발행** 2018년 12월 15일

**주소** 10881 경기도 파주시 광인사길 153 한울시소빌딩 3층
**전화** 031-955-0655
**팩스** 031-955-0656
**홈페이지** www.hanulmplus.kr
**등록번호** 제406-2015-000143호

Printed in Korea.
978-89-460-6574-1 03330

* 책값은 겉표지에 표시되어 있습니다.